FICHA CATALOGRÁFICA

(Preparada na Editora)

Xavier, Francisco Cândido, 1910-2002

X19r Reencontros / Francisco Cândido Xavier, Espíritos Diversos, Hércio Marcos Cinta Arantes. Prefácio de Emmanuel. Araras, SP, 6ª edição, IDE, 2012.

192 p. il

ISBN 978-85-7341-570-4

1. Espiritismo 2. Psicografia I. Arantes, Hércio Marcos Cintra, 1937 - II. Título.

CDD -133.9
-133.991
-133.901 3

Índices para o catálogo sistemático

1. Espiritismo 133.9
2. Psicografia: Mensagens: Espiritismo 133.91
3. Vida depois da morte: Espiritismo 133.901 3

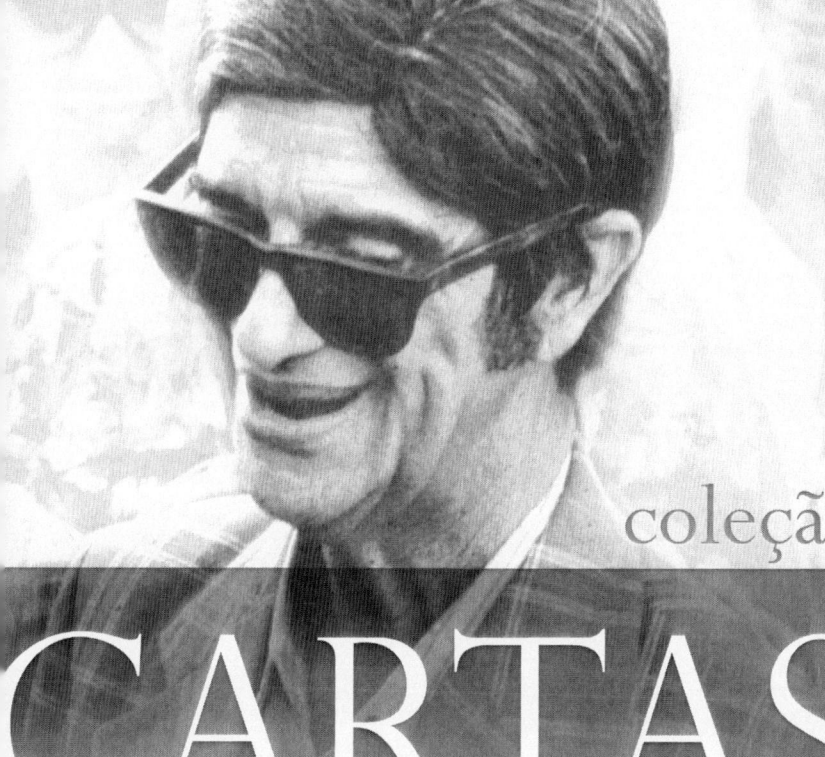

CHICO XAVIER
HÉRCIO M. C. ARANTES

coleção

CARTAS
PSICOGRAFADAS

"REENCONTROS"

ide editora

ISBN 978-85-7341-570-4

6ª edição - abril/2012
3ª reimpressão - outubro/2024

Copyright © 1982,
Instituto de Difusão Espírita - IDE

Conselho Editorial:
Doralice Scanavini Volk
Wilson Frungilo Júnior

Coordenação:
Jairo Lorenzeti

Capa:
César França de Oliveira

Diagramação:
Maria Isabel Estéfano Rissi

Parceiro de distribuição:
Instituto Beneficente Boa Nova
Fone: (17) 3531-4444
www.boanova.net
boanova@boanova.net

INSTITUTO DE DIFUSÃO ESPÍRITA - IDE
Rua Emílio Ferreira, 177 - Centro
CEP 13600-092 - Araras/SP - Brasil
Fones (19) 3543-2400 e 3541-5215
CNPJ 44.220.101/0001-43
Inscrição Estadual 182.010.405.118
www.ideeditora.com.br
editorial@ideeditora.com.br

Todos os direitos reservados. Nenhuma parte desta publicação pode ser reproduzida, armazenada ou transmitida, total ou parcialmente, por quaisquer métodos ou processos, sem autorização do detentor do copyright.

coleção

CARTAS
PSICOGRAFADAS

"REENCONTROS"

CHICO XAVIER
HÉRCIO M. C. ARANTES

Sumário

APRESENTAÇÃO - Reencontros 9
       EMMANUEL

Carta 1 - Violência e resignação 11
       FRANCISCO QUINTANILHA

Carta 2 - Novos caminhos 19
       LÚCIO GERMANO DALLAGO

Carta 3 - Meritória e abençoada premonição 27
       ÍTALO SCANAVINI

Carta 4 - Em socorro à família 63
       ANDRÉ LUIZ SOUZA DA SILVA

Carta 5 - Aviso surpreendente 77
       ANTÔNIO LUIZ SAYÃO

Carta 6 - Regresso inesperado 87
       ANTÔNIO CARLOS MARTINS COUTINHO

Carta 7 - D. Amália, a secretária de Eurípedes 97
        AMÁLIA FERREIRA DE MELLO

Carta 8 - Unidos pelas recordações e preces 109
        AULUS DE PAULA E SILVA BASTOS

Carta 9 - Desfazendo uma dúvida cruel 133
        BENEDITO SOUZA DE OLIVEIRA

Carta 10 - Homenageando Cornélio Pires 145
        CORNÉLIO PIRES

ÁLBUM DE RECORDAÇÕES COM FOTOS DOS COMUNICANTES 173

Apresentação

Reencontros

Leitor amigo:

Na Terra, em muitos reencontros, temos a dor em sua plena função reparadora.

Reencontros de adversários, que ainda carregam consigo o rescaldo de conflitos pungentes;

de situações amargas, que nos reajustem os sentimentos;

de obstáculos, que expressam as consequências de ações passadas, em que o erro nos terá marcado os caminhos;

ou de problemas, que nos aguardam a presença, a fim de serem examinados e resolvidos.

Aqui, porém, neste livro despretensioso, todos os reencontros são de paz e amor, consolação e esperança. E de tal modo nos comovem as expressões de carinho e saudade, entre os vivos do Plano Físico e os vivos do Plano Espiritual, que passamos o presente volume às tuas mãos, contagiados de reconforto, agradecendo a Jesus que nos permite o júbilo de semelhantes contatos espirituais e rendendo graças a Deus.

EMMANUEL

Uberaba, 2 de março de 1982.

Carta 1
Violência e resignação

Francisco Quintanilha, motorista de caminhão, em trabalho rotineiro, deixou Belém do Pará com destino a Brasília. Porém, ao aproximar-se do final de mais um árduo compromisso profissional, foi violentamente agredido e, horas depois, encontrado morto na cidade goiana de Caturaí, em 18 de fevereiro de 1979.

Como se deu o fato? Por quem? Por quê?

Estas perguntas, feitas aflitivamente pelos seus entes queridos, não encontraram respostas concretas, pois não havia testemunha do fato.

Nascido aos 16 de abril de 1931, em Guarantã, SP, Francisco deixou, em Araçatuba, SP, uma família bem constituída: sua esposa, D. Jeni Parro Quintanilha, filhos, genro, nora e netos. Bom esposo, pai e avô carinhoso, trabalhador perseverante, católico fervoroso – ele somente legou nobres exemplos e felizes recordações.

Não conformada com o mistério em torno do fato que arrebatou seu marido da vida física, D. Jeni dirigiu-se a Uberaba, ao encontro do médium Xavier, na esperança de receber uma resposta satisfatória do Mundo Espiritual às suas dúvidas torturantes.

Na primeira viagem, colheu algum consolo, mas nenhuma notícia do Além. Mas, na seguinte, recebeu longa carta do esposo, apenas 6 meses após o seu passamento, em reunião pública do Grupo Espírita da Prece, na noite de 24 de agosto de 1979. Ao ouvi-la (habitualmente o médium lê aos destinatários as cartas recebidas), D. Jeni sentiu-se profundamente emocionada e feliz. Ela mesma conta: "No primeiro instante tive uma crise de choro, seguida de grande emoção pelas notícias recebidas. As palavras de meu marido trouxeram-me muita paz de espírito."

Posteriormente, a família divulgou a mensagem, ilustrada com a foto do Sr. Francisco, colocando na primeira página do impresso o belo título: A morte é a porta para a Vida Eterna.

Violência e resignação

Querida Jeni, Deus nos abençoe.

É preciso de muita coragem para me manifestar, recordando o domingo trágico de fevereiro.

Perdoe-me, querida esposa, se ainda tenho lágrimas ao notificar-lhe que caí cumprindo meu dever de cristão, aceitando a pressão que me arrancou do corpo.

Dei abrigo a dois companheiros que rogavam socorro na estrada, mal sabendo que instalava comigo aqueles mesmos irmãos que me furtariam a vida.

Pedi compaixão para o pai de família que eu era, falei em você e em nossos filhos, e quis colocar-me de joelhos; entretanto deviam ser meus credores que não conseguiam me perdoar alguma falta cometida por mim em algum caminho do passado, que a minha memória ainda não conseguiu revisar.

Vi que me abatiam como se eu fosse um animal no matadouro, mas pensei em Deus e aceitei com resignação o golpe que me impunham. Que poder prodigioso exerce a cruz de Cristo sobre nós nas grandes horas da vida, quando a vida se abeira da morte por violência!...

Creio hoje que Jesus terá escolhido a morte assim, sob as pancadas da maldade, para fortalecer as criaturas que viessem a cair depois dele, em ciladas e golpes da Terra.

Quando me entreguei a Ele, Nosso Senhor e Mestre, depondo você e os filhos, por imaginação, nos braços de Quem, quanto Ele, é a nossa salvação e a nossa luz, a paz me penetrou o espírito e adormeci.

Depois das surpresas que se seguiram ao meu despertar, concentrei minha vida íntima em você e nos filhos, e pude vê-los, pouco a pouco, adquirindo a conformidade de que necessitávamos.

Minha avó Maria, a irmã Encarnação e o benfeitor Rodrigo me amparavam e hoje posso dizer ao Edson e à Aparecida, à Edna e ao João Carlos, ao Luiz Sérgio e a todos os nossos, que estamos em paz, você e eu, porque reconheço que prosseguimos sem discordar um do outro.

Agradeço a você, querida Jeni, e aos filhos queridos, não haverem formado um processo que me feriria o coração. Compadecermo-nos

Violência e resignação

daqueles que se tornam autores da dor alheia é uma obrigação. Deus me auxiliará para que, um dia, possa de minha parte acolher os companheiros que me liquidaram a existência física, sendo útil a eles em alguma coisa, com a mesma alegria com que os recebi em nosso caminhão de trabalho.

Estou orgulhoso da família por me haver atendido à inspiração de não procurar ninguém para julgamentos que pertencem a Deus.

Estamos tranquilos, porque não ferimos a ninguém, e a nossa família prossegue em harmonia para diante. Seria para nós dois um grande desgosto observar os netos crescendo com ideias de infelicidade e vingança. Sei que a Aparecida trouxe o Gláucio e o Rodrigo, pois rogo a vocês dizerem a eles que o avô seguiu numa viagem para outra casa que a vontade de Deus lhe apontou.

Cessem na família a ideia de que fomos espoliados em qualquer coisa. O que seria lastimável é se eu viesse para cá remoendo o arrependimento de algum ato infeliz.

Pensemos em Jesus e sigamos com a nossa fé, sabendo que a fé cristã é uma riqueza de que podemos dispor na vida, na morte, depois da chegada ao mais Além, que é unicamente a continuação da vida na Terra mesmo. Participo à nossa filha — nossa Maria Aparecida, que a sua amiga Ione Páscoa veio em nossa companhia e agradece-lhe as lembranças.

Querida Jeni, com nossos filhos e netos abençoados, incluindo a nora e o genro que nos fazem tão felizes, rogo a você receber o coração agradecido e saudoso do seu velho e companheiro de todos os dias, que estará sempre que possível ao seu lado para vencermos juntos, tanto quanto juntos temos estado confiantes em Deus.

Sempre o esposo, sempre seu

FRANCISCO.

NOTAS E IDENTIFICAÇÕES

1 - *domingo trágico de fevereiro* — Ele faleceu num domingo, 18/2/1979.

2 - *deviam ser meus credores que não conseguiam me perdoar alguma falta cometida por mim em algum caminho*

Violência e resignação

do passado, que a minha memória ainda não conseguiu revisar. — Após a morte física, o Espírito leva algum tempo para recordar suas vidas anteriores. Evidentemente, quando redigiu esta carta, o Sr. Francisco já estava ciente de que a sua desencarnação ocorreu sob o manto das Leis Divinas, justas e sábias. (Ver *O Evangelho Segundo o Espiritismo*, Allan Kardec, Cap. 5: "Bem-aventurados os aflitos".)

3 - *Minha avó Maria* — Falecida há muitos anos.

4 - *Encarnação* — Parente do Sr. Francisco.

5 - *Benfeitor Rodrigo* — Desconhecido da família.

6 - *Edson e Aparecida* — Edson Quintanilha, filho, e Maria Aparecida Ribeiro Quintanilha, nora.

7 - *Edna e João Carlos* — Edna Q. Baptista, filha, e João Carlos Baptista, genro.

8 - *Luiz Sérgio* — Luiz Sérgio Quintanilha, filho.

9 - *Deus me auxiliará para que, um dia, possa acolher os companheiros que me liquidaram a existência física.* — Com esta compreensão, o Sr. Francisco dá-nos um exemplo marcante, revelando admirável grandeza espiritual.

10 - *Estou orgulhoso da família por me haver atendido à inspiração de não procurar ninguém para julgamentos que pertencem a Deus.* — A sua família, de fato, não recorreu à Justiça.

11 - *Gláucio e Rodrigo* — Netos, filhos do casal Maria Aparecida e Edson.

12 - *Ione Páscoa* — Ione Páscoa Viana dos Santos, desencarnada por afogamento no Salto de Avanhandava, SP, a 12/3/1978, era vizinha e amiga da família Quintanilha.

13 - Devemos estas anotações elucidativas à entrevista feita, a nosso pedido, pelo confrade e amigo Dr. Antônio César Perri de Carvalho, residente em Araçatuba, com D. Jeni P. Quintanilha.

Carta 2
Novos caminhos

"No auge do sofrimento e do desespero, ocasionados pela dura separação do convívio amigo de meu filho, uma noite, seguindo pelas ruas de Goiânia, ao passar em frente ao Centro Espírita Amor e Caridade, localizado à Avenida Independência, tive a ideia de ali entrar, embora não fosse espírita.

O presidente desta instituição, Amir Salomão, acolheu-me com simpatia, e vendo-me profundamente abatido, providenciou para que eu iniciasse um tratamento espiritual naquele mesmo dia.

Foi um socorro que chegou na hora certa, pois havia perdido recentemente o meu filho Lúcio Germano

Dallago, com 21 anos de idade, em acidente automobilístico."

Assim, o Sr. Lúcio Dallago, residente na capital goiana, em carta datada de 24 de agosto de 1980, narrou-nos, atendendo a nosso pedido, sua duríssima, mas proveitosa experiência, como veremos a seguir, no desenrolar de suas notícias:

"O acidente ocorreu na madrugada do dia 25 de novembro de 1977, na BR - 153, quando uma carreta chocou-se com o Opala em que ele viajava com seus amigos Hermilon e Waldir, todos falecidos no local.

Acredito que foi a carreta que os colheu, ocasionando o acidente. Mas, quem sou eu para julgar? Entregamos o caso à Justiça Divina, pois o que nos adiantaria qualquer ação?"

Um sonho revelador

"Três meses após o acidente, aconselhados por amigos e estimulados pela leitura de várias mensagens de pessoas falecidas, recebidas por Chico Xavier, eu e minha esposa fomos a Uberaba, mas não conseguimos falar com o médium.

Retornando a Goiânia, abracei a Doutrina Espírita, passando a estudá-la cada vez mais. Nessa época, falei à minha senhora que haveríamos de receber algum aviso para retornarmos a Uberaba, quando nosso filho tivesse oportunidade de nos escrever.

Em agosto de 1978, com um grupo de amigos, dirigimo-nos às margens do Araguaia para uma pescaria. Na terceira noite, tive um longo e nítido sonho com meu filho, visitando-o num hospital. Tinha boa aparência e mostrava-se disposto. No dia seguinte, despertei muito cedo, logo meditando sobre aquela "vivência espiritual". Ansioso para contar o sonho aos familiares e confrades, consegui convencer meus amigos a interromperem a pescaria, e regressamos no quarto dia de um passeio programado para dez.

Retornando a Goiânia, fui aconselhado pelos confrades amigos a procurar Chico Xavier, também eles deduzindo comigo, do sonho, que meu filho estava em condições de enviar-me uma mensagem.

Assim fizemos. Em Uberaba, pela segunda vez, enfrentando uma fila enorme, conseguimos nos avistar pessoalmente com o querido médium, numa reunião pública do Grupo Espírita da Prece. Era o dia 1º de setembro de 1978.

A nossa emoção foi grande, principalmente de minha esposa, que, mostrando-lhe a foto de Lúcio, mal conseguiu dizer que havia perdido aquele filho num acidente.

Chico fitou-lhe a face, e mesmo sem ter o mínimo conhecimento de nossa família, perguntou:

— Quem se chama Germano? Estou vendo um senhor de idade...

Minha esposa quase desmaiou, nada conseguindo responder. E antes que eu articulasse qualquer esclarecimento, o médium continuou:

— Não precisa responder, ele está dizendo que é avô de Lúcio, afirmando ainda que antes da encarnação do jovem, na condição de seu neto, eles já eram velhos amigos.

E, com a orientação de que poderíamos colocar sobre a mesa dos trabalhos um pedido de notícias do nosso saudoso filho, o diálogo foi encerrado.

Aguardamos confiantes, em meditação e preces, por horas e horas, e a resposta veio mesmo... Já avançando na madrugada do dia 2, tivemos a feliz emoção de ouvir, dos lábios do estimado médium, a leitura da esperada carta de Lúcio, psicografada naquela reunião.

A mensagem veio trazer consolo e esclarecimento a todos os nossos familiares. Consolidou, também, a certeza da fé espírita que recentemente havíamos abraçado.

Assumi, em memória de nosso filho, a direção da Casa Espírita de Meimei – Lar das Crianças (Rua Santiago, Lote 20, Quadra 219, Setor Palmito, Goiânia, GO), que hoje ampara quase 60 menores, de 6 meses a 6 anos, onde igualmente funciona o Departamento de Assistência Espiritual e uma distribuição de sopa, aos sábados, aos menos favorecidos."

Novos caminhos

Querida mãezinha e meu querido papai Lúcio, peço para me abençoarem.

O meu avô Germano e o meu tio Aldo me trouxeram até aqui e me auxiliam a traçar estas linhas. Venho rogar-lhes paciência e coragem. A morte não existe como pensamos na Terra. Atravessamos um choque estranho que eu não sei descrever, porque prevalece em nós, pelo menos no que me sucedeu, um sono feito de anestesia e de esquecimento.

Compreendo tudo agora e sei quanto choraram porque podem imaginar como eu chorei, à feição de um menino grande sequestrado, sem volta, em outro lugar que não a nossa casa.

O acidente me afetou qual uma explosão na qual a gente se perde por algum tempo. Disso nada sei, mas posso assegurar-lhes com os nossos daqui, que não me perdi no acontecimento. Mudei de roupagem, sem mudar a própria identidade.

Agora, é coragem para nós todos. Chega um momento na vida de cada um, no qual apenas a fé em Deus é a alavanca da salvação de nosso próprio raciocínio.

Peço-lhes para que vivam valorosamente

e não culpem a ninguém se o carro foi a condução que as Leis de Deus me deram para voltar à vida espiritual, a que me vou habituando pouco a pouco.

Recordem os nossos queridos Hermilon e Waldir, e creiam que, se ficarem fortes, minha fortaleza se restabelecerá mais depressa.

Numa situação destas, em que a gente se vê noutra forma, dando notícias por intermédio de outra pessoa, como se estivéssemos numa janela aberta para uma praça repleta de amigos, não é muito fácil. Por isso, creio que dar o meu sinal de presença é bastante para que me saibam vivo, e com a mesma disposição para trabalhar.

Por enquanto, estou no tratamento de ideia vagarosa e vida mansa, mas tenham a certeza de que tudo comigo vai melhorar quando me derem coragem para recomeçar.

Meu abraço às irmãs e lembranças aos amigos.

Do acidente, nada me perguntem, porque não quero turvar a cabeça que já está ficando mais clara por dentro.

Auxiliem-me a deixar de lado o que não

devo carregar comigo e a recordar o que preciso fazer agora: recuperar o meu equilíbrio, confiar em Deus e na vida, e reformar-me qual eu era, decidido a cumprir os meus deveres, sem reclamação e sem choro.

Muitas saudades que, aliás, são nossas. E, em meio das saudades que estão comigo, recebam o abraço com muitos beijos de gratidão e carinho do filho muito grato que, mais uma vez, lhes pede a bênção,

LÚCIO GERMANO DALLAGO.

IDENTIFICAÇÕES

1 - *Avô Germano* — Germano Dallago, avô paterno, desencarnado em Barra Fria, SC, em 1941, aos 51 anos de idade.

2 - *Tio Aldo* — Aldo Dallago, tio, desencarnado em Ibaiti, PR, a 12/11/1966.

3 - *Hermilon e Waldir* — Hermilon Pereira Gonçalves e Waldir Ramos Siqueira Filho, amigos inseparáveis de Lúcio Germano, desencarnados no mesmo acidente.

4 - *Meu abraço às irmãs* – Irmãs: Sandra Maria, Sônia Cristina e Selma Regina Dallago.

5 - *Lúcio Germano Dallago* – "Filho de Maria de França e Lúcio Dallago, nasceu em Goiânia a 23/9/1956. Sua breve e saudosa passagem terrena foi caracterizada por uma personalidade carinhosa e alegre, marcada por um espírito caridoso, deixando um grande círculo de amigos na sociedade goianiense. Quando desencarnou, a 25/11/77, preparava-se para o vestibular no Colégio Carlos Chagas." (Dados biográficos divulgados juntamente com a sua carta mediúnica, em impresso feito pela família.)

Carta 3
Meritória e abençoada premonição

— Estão aqui algumas fotos históricas do Instituto, que tenho comigo há muitos anos, e peço-lhe guardá-la, porque poderão ser úteis no futuro — disse-nos o dileto amigo Ítalo, entregando-nos, logo após uma reunião doutrinária, um envelope com dezenas de fotografias.

— Como? Eu, guardar as fotos, após tantos anos em seu poder, com tanto carinho? — respondemos de pronto, surpreendido com aquela atitude do companheiro.

Com voz pausada e serena, que lhe era habitual, insistiu com o seguinte esclarecimento:

— Solicito-lhe receber, pois estou fazendo um acerto geral em meus papéis, e como você é o secretário, elas ficarão melhor em suas mãos.

Diante desse argumento o atendemos, nunca passando pela nossa mente que o incansável confrade Ítalo Scanavini, Diretor-Tesoureiro do Instituto de Difusão Espírita, de Araras, São Paulo, desde a sua fundação, estava se despedindo de todos nós – na atual romagem terrena –, colocando a sua documentação particular em tal ordem, como alguém que pretendesse ausentar-se por longo tempo...

De fato, uns trinta dias depois de nosso diálogo, ele partiria rumo ao Mais Alto, a 8 de março de 1979, deixando uma irreparável lacuna em todas as áreas de sua afetuosa, fraterna e dinâmica atuação, principalmente familiar, espírita e maçônica.

Ítalo, nascido em Araras, SP, a 29 de setembro de 1916, era filho do casal José Scanavini-Joana Chignolli Scanavini.

Comprovando a premonição de nosso companheiro, sua família contou-nos o interessante fato:

Aproximadamente um mês antes do desenlace, fugindo completamente da rotina, Ítalo começou a trabalhar no seu lar, todas as noites, acertando as escritas de sua loja, com o auxílio de máquinas de escrever e de somar. A esposa e filhos estranharam esse trabalho extra, mas ele apenas explicava que precisava pôr os seus papéis em ordem, sem outros esclarecimentos...

A 2 de março, após o jantar, fortes dores precordiais provocariam a sua hospitalização de emergência. E, no dia seguinte, embora estando melhor, sob tratamento intensivo, afirmou à esposa: — "Velha, vai acontecer o pior, eu não vou voltar para casa".

De fato, com a vestimenta carnal, Ítalo não mais regressaria ao seu ninho familiar.

As suas atitudes, indicativas de uma preparação para a Grande Viagem, só podem ser explicadas por abençoada e meritória premonição, isto é, um aviso dos Benfeitores Espirituais, muito discreto, mas capaz de induzi-lo a um comportamento mental introspectivo e levá-lo, com a motivação de uma pequena dor torácica, à relativa certeza de final de caminhada terrena. Nessa época, Ítalo não apresentava sinais de enfermidade, nem submetia-se a qualquer tratamento médico.

Somente mais tarde, por via mediúnica, ele esclareceria: "Os tempos últimos haviam sido para mim de muita reflexão. Meditava nas experiências da vida, até que percebi um ponto de dor que se abria em meu peito, à maneira de um aviso discreto de que o tempo na vida terrestre estava a terminar. Comecei atualizando nossas escritas e revisando tudo o que pudesse impor cuidados maiores ao seu coração de esposa e mãe, e, em verdade, acertei...

Você se lembrará de que havia dito no Hospital a minha convicção de que não mais regressaria à nossa casa..."

Homenagem do "Anuário Espírita"

O *Anuário Espírita 1980* publicou, em suas primeiras páginas, expressiva e carinhosa homenagem ao nosso inesquecível amigo e confrade Ítalo, sob o título: "Mais um anuarista retorna ao Mundo Maior", que a seguir transcreveremos:

"No dia 8 de março de 1979, em Araras/SP, nosso querido companheiro de lutas doutrinárias, Ítalo Scanavini, regressou ao Mundo Maior, sob os efeitos de um enfarte que, em poucos dias, lhe desorganizou o veículo físico.

Foi um dos fundadores, em 1958, do Grupo Espírita Sayão, entidade espírita que, além das suas atividades doutrinárias, mantinha programa assistencial, através da assistência alimentar (sopa diária), serviço odontológico e albergue noturno. E que, no início da década de 70, instalou oficina gráfica para impressão de livros espíritas. Sempre foi seu Tesoureiro.

Fez parte, também, do elenco de confrades que fundaram o Instituto de Difusão Espírita, em 1963, cujo programa de atividades tinha seu núcleo na edição de livros espíritas, especialmente o *Anuário Espírita*. Em muitas gestões foi seu Tesoureiro.

Em 1º de setembro de 1974 as duas instituições se fundiram, permanecendo o nome de Instituto de Difusão Espírita, enfeixando todas as atividades exercidas por ambas e, desde então e até a sua desencarnação, foi seu Diretor-Tesoureiro.

Homem humilde e zeloso no cumprimento do dever, sempre foi muito respeitado e querido por quantos lhe desfrutaram a convivência.

Fora das lides doutrinárias, foi membro ativo da Loja Maçônica "Fraternidade Ararense", onde sempre conviveu com desmedido entusiasmo e dedicação, tendo ocupado muitos cargos de direção.

Foi um dos fundadores da Associação Atlética Ararense, de cujo Conselho Consultivo fez parte por longo tempo.

Profissionalmente, foi conceituado comerciante.

Espírito disciplinado, seu zelo chegava aos detalhes, sempre procurando o melhor em todas as atividades de que participava emprestando seu concurso.

Nós, seus amigos mais íntimos, pelos laços profundos de afeição e de trabalho, não podemos regatear elogios à sua atuação ao longo de duas décadas de atividades espíritas, e o amigo leitor talvez não pudesse entrever nesse extravazamento afetivo, o que representou realmente a vida de nosso saudoso confrade na comunidade ararense, assim também as qualidades pessoais desse Espírito valoroso.

A Câmara Municipal de Araras, já em 26 de março de 1979, por iniciativa do vereador José Pedro Fernandes, aprovou por unanimidade indicação para que fosse dado o nome de Ítalo Scanavini, para uma via pública. A medida se concretizou através do Decreto editado pelo Prefeito Municipal, Dr. Valdemir Gesuíno Zuntini, que tomou o n° 2127, em 6 de abril de 1979.

(...) Mas, amigo leitor, o que poderá fazer transparecer melhor a personalidade do nosso querido e saudoso irmão é a mensagem que endereçou aos seus familiares, já em 14 de julho de 1979, através da mediunidade de Francisco Cândido Xavier, em reunião pública do Grupo Espírita da Prece, em Uberaba/MG, que temos o júbilo de transcrever a partir da página seguinte.

No seio da comunidade em que viveu, a memória de nosso irmão está perpetuada pela via pública à qual emprestou o nome.

Em nossos corações, nos corações daqueles que lhe partilharam as lutas terrenas, está perpetuada pelo carinho da sua amizade e pela pureza e desprendimento do seu Espírito, sempre pronto a calar, ajudar e perdoar."

Meritória e abençoada premonição

Querida Diva, e meus queridos filhos, peço a Deus nos abençoe.

Enterneço-me ao rever-nos juntos de novo, qual se houvéssemos trazido conosco o nosso lar da Nunes Machado. Creiam que me preparei tanto, a fim de escrever-lhes e, entretanto, as lágrimas se misturam com as minhas próprias letras.

Diva, agradeço a você por ter vindo. O tempo de nossa união foi curto demais para um amor tão grande e hoje desejava que as horas recuassem para que eu pudesse oferecer ao seu coração as alegrias que não lhe pude dar. E você, com o seu carinho de sempre, me traz o prêmio de toda a minha vida: nossos filhos queridos, os corações amados que Deus permitiu nascessem ou renascessem dos nossos, para que a nossa estrada se fizesse felicidade e luz.

Revejo-os a todos, qual se fossem a nossa garotada de outro tempo. Para os pais os filhos jamais crescem, são sempre nossos meninos, anjos de nosso amor. Ainda estou vacilando para enfileirar nomes que sempre requisitam esforço de memória, mas se me esquecer de algum, me corrija. Temos aqui os nossos queridos Rui, Renato, Rosa Alice, João, Mírian, Rodolfo, Mara,

Ricardo, o nosso Lemão genial. E temos em pensamento a nossa Marta e o companheiro, porque o nosso Esem é também um filho que Deus nos enviou pelos caminhos do espírito.

Diva, como sou feliz, tomando a cada um nos próprios braços, qual se fossem pequeninos!

Peço a você, em especial, dizer à nossa Marta que ela está aqui também conosco, aquele mesmo amor de filha a quem devemos tanto.

Penso em todos, revejo a nós ambos em todos eles e peço a Deus que os abençoe.

Você se lembrará de que havia dito no Hospital a minha convicção de que não mais regressaria à nossa casa...

Os tempos últimos haviam sido para mim de muita reflexão. Meditava nas experiências da vida, até que percebi um ponto de dor que se abria em meu peito, à maneira de um aviso discreto de que o tempo na vida terrestre estava a terminar. Comecei atualizando nossas escritas e revisando tudo o que pudesse impor cuidados maiores ao seu coração de esposa e mãe, e, em verdade, acertei...

Não creia, querida, que acontecimentos humanos menos felizes me tivessem abatido o ânimo. A doutrina que se fez a nossa lâmpa-

Meritória e abençoada premonição

da clareava todas as situações do caminho... Sempre compreendi que um homem nunca pode pensar em colher flores exclusivamente nas sendas da vida e, por isso, habituei-me a facear as ocorrências do mundo como viessem... E, aliás, nada sucedeu que me pudesse haver marcado com esse ou aquele sofrimento maior.

Tive a melhor esposa que um homem pode receber de Deus e conquistamos da Bondade Divina filhos que somente alegria e paz nos trouxeram aos corações...

Creio que o corpo já carregava por si aquela disposição ao problema circulatório que acabou por separar-me do instrumento físico. E ainda aí, naqueles poucos dias de preparação final, reconheci que tudo estava certo. Doía-me vê-la aguardando o golpe que a situação desferiria sobre nós e agoniava-me com a ideia de ser obrigado a deixá-la sem meus braços de companheiro com os filhos e os netos de que fizemos o nosso querido jardim de amor.

Sabia, no íntimo, que o assunto estava consumado; entretanto, em preces, rogava a Jesus a fortalecesse e nos amparasse os filhos inesquecíveis com a união de todos eles, para que uns amparassem os outros e não sei que tristeza me dominava naqueles momentos preparatórios da grande mudança de que me sentia perto. Digo tristeza incompreensível porque não poderia, de minha parte, receber maiores bênçãos de Deus. Lamentar-nos seria ingratidão e, por esse motivo, o conflito imanifesto em que vivi nos dias últimos da vestimenta física foi enorme.

Chegada a hora, revi tudo, tudo o que fora a nossa vida em família, as horas de felicidade que foram sempre uniformes, porquanto em meu coração de esposo e pai só encontrava razões para ser agradecido.

A dor, a princípio, foi perceptível para mim... Depois, tudo me pareceu um desmaio de que não conseguia fugir, embora pusesse todo o meu esforço de homem na resistência para ficar... Ficar ainda em sua companhia e trabalhar pela felicidade de trabalhar sempre mais; no entanto, um torpor que não sei definir começou a paralisar-me... Em seguida, foi o sono de que possuía prévio conhecimento em tantas descrições de companheiros desencarnados.

A compaixão dos Céus, pelo menos em meu caso, não nos deixa ver os quadros que remanescem da morte, porque nada mais vi senão *que despertava em outro ambiente. Era, a meu ver, um outro hospital, em cujo ambiente percebi, de imediato, que já não mais vivia em estrutura da Terra. A luz muito clara no aposento, o ar leve que me alimentava os pulmões e aqueles rostos que me cercavam, estendendo-me auxílio, não me deixavam dúvida.*

Nenhuma face de Araras, nenhum semblante que pudesse identificar... Confesso a você e aos meus filhos que chorei muito... Era então aquilo a morte. Uma transferência irreversível sem apelo a qualquer regresso em moldes físicos para a retaguarda...

Pensei em você, em nossos meninos e em nossos netos, nos amigos, nas tarefas que ficavam para trás... Senti, por intuição, que os seus pensamentos me cercavam de saudade e de amor, que a imagem dos filhos me visitava no espelho da memória; no entanto, chorava ignorando se a alegria do dever cumprido ou a dor da separação compulsória se faziam motivos para aquelas emoções a se repetirem por dentro de mim.

Ah! mas o homens mais fortes se transformam em crianças, quando encontram a possibilidade de reencontrarem as mães que lhes deram a vida... Quando mais forte se fazia a minha noção de perda, vi que nossa mãe Joaninha entrou para ver-me.

— "Então, meu filho, quem disse a você que as mães esquecem? Descanse. Você está regressando ao lar... Diva e os meninos estão amparados... Deus vela por todos..."

Não sei descrever a surpresa que me tomou de assalto. Vi-me novamente menino para rezar com aquela a quem devemos tanto amor.

Logo após, outros amigos vieram ver-me... O Bertolini, o Giacomini, o Zurita, o Denardi e tantos companheiros do ideal de trabalho se achavam ali que, muito embora sem apagar a sua presença e a presença da família no livro do coração, passei a sentir-me menos só para o recomeço... Agora, tudo se reajusta.

Noto-a, porém, algo abatida e fatigada. Peço-lhe que se refaça. Recorde Mara e o nosso Lemão precisando de seus cuidados, e nossa Marta com a família que começou a organizar é uma plantação de carinho que não podemos esquecer.

Se posso pedir alguma cousa, rogo-lhe fortalecer-se e apresentar o mesmo porte de

Meritória e abençoada premonição

alegria e discreto comando de nosso mundo familiar. Os filhos reclamam isso.

Não estou assim distante. Habitue-se a mentalizar-me ao seu lado e você me observará consigo, mais do que imagina.

Lembre-se do orgulho sadio de seu marido ao vê-la forte e feliz e capacite-se de que o nosso amor não apresenta mudança.

Conto em que os filhos saberão auxiliar-me nesse sentido, no sentido de lhe reconhecermos a restauração. O nosso companheirismo não sofreu qualquer pausa.

Nossa tia Maria Alvares Leite veio assistir esse reencontro em ritmo de perto-longe.

A realidade, no entanto, é a de que nos achamos sempre mais juntos.

Desejava escrever mais, sabendo embora que já escrevi demasiadamente, mas devo encerrar estas minhas notícias.

Amigos da Maçonaria e da Doutrina me auxiliaram a expressar o que sinto.

A letra não é a mesma. Devo submeter-me a uma orientação de urgência a que não me acostumei; entretanto, preferi arriscar-me à manifestação com insegurança a perder a oportunidade.

Peço aos filhos dizerem de minha parte ao Arceu, ao Salvador, ao Pizarro, ao Hércio e a outros irmãos de atividade espiritual que tudo o que fizermos pela divulgação de nossos princípios é muito pouco, diante do que se tem a fazer. Aqui, a luta pela vitória do bem e pela sustentação da luz é uma batalha sem tréguas, na qual o Cristo é e será sempre o Grande Vencedor.

Mas isso é outro assunto que transcende os meus propósitos.

Queria unicamente dizer a você e aos nossos rapazes, às nossas filhas, incluindo o genro e as noras, igualmente filhos de coração, que continuo vivendo e amando a família cada vez mais.

Diva, querida esposa, com os nossos filhos queridos, incluindo todos os que se reuniram a nós dois nos caminhos da vida e os netos que nos continuam a existência, receba todo o coração reconhecido do companheiro de sempre, sempre o seu

ÍTALO.

Notas e Identificações

1- Carta recebida em reunião pública do Grupo Espírita da Prece, na cidade de Uberaba, Minas, pelo médium Francisco Cândido Xavier, na noite de 14/7/1979.

2 - *Diva* – D. Diva Alvares Leite Scanavini, esposa.

3 - *Nunes Machado* – Nome da rua, na cidade de Araras, SP, onde reside sua família.

4 - Rui, Renato, João, Rodolfo, Mara e Ricardo – Filhos, presentes à reunião.

5 - *Rosa Alice e Mírian* – Rosa Alice Ruegger Bueno Scanavini e Mírian Elizabeth Severino Finardi Scanavini, noras, presentes à reunião.

6 - *Marta e o companheiro, porque o nosso Esem é também um filho* – Marta Elisa, filha, casada com Esem Pereira Cerqueira.

7 - *Lemão* – Apelido familiar do filho Ricardo.

8 - *Naqueles poucos dias de preparação final* – Refere-se ao período em que ficou hospitalizado, de 2 a 8 de março de 1979.

9 - *Mãe Joaninha* – Sua progenitora era chamada, na intimidade, de Joaninha.

10 - *Bertolini* – Augusto Bertolini nasceu em Luca, Itália, a 2/11/1878, e faleceu em São Paulo, Capital, a 28/8/1961. Nas últimas décadas de sua vida residiu em Limeira, SP, exercendo a profissão de viajante. Colaborou ativamente nas campanhas pró construção do Sanatório Antônio Luiz Sayão, de Araras, inclusive participando de longas viagens pelo país. Quando da organização da primeira diretoria deste hospital, assumiu o cargo de vice-presidente, e sua esposa, D. Alice, integrou o Conselho Consultivo.

11 - *Giacomini* – João Giacomini Sobrinho (1909-1974), companheiro e amigo de Ítalo, foi um dos fundadores do Instituto de Difusão Espírita. Ver sua biografia em *Anuário Espírita 1975*.

12 - *Zurita* – Ignácio Zurita Júnior, antigo comerciante e político influente em Araras. Ex-Prefeito Municipal da cidade, faleceu em 29/11/1944.

13 - *Denardi* – Vitório Denardi, desencarnado em 22/9/1933, foi padrinho de batismo de Ítalo.

14 - *Tia Maria Álvares Leite* – Tia paterna de D. Diva, faleceu em Limeira, SP, a 8/12/1970.

15 - *A letra não é a mesma* – Um dos seus filhos, presentes à reunião pública, estando de pé, próximo à cabeceira da mesa, onde se assentava Chico Xavier, pôde acompanhar o trabalho psicográfico do mé-

Meritória e abençoada premonição

dium, identificando, assim, a carta de seu pai desde as primeiras páginas. No decorrer do recebimento da mesma, pensou, sem dizer a ninguém, da possibilidade de seu progenitor encerrar aquela carta com assinatura igual à que tinha quando em vida material.

16 - *Arceu, Salvador, Pizarro e Hércio* — Arceu Scanavini (irmão), Salvador Gentile, José Pizarro Garcia e Hércio Marcos C. Arantes, companheiros de ideal espírita.

Segunda Carta

Querida Diva, peço a Jesus nos abençoe.

Estamos aqui na emoção de quem relembra o alvorecer do dia de março que nos separou, do ponto de vista físico. O coração se emociona e as lágrimas me sobem do íntimo para os olhos — entretanto são as boas lágrimas da alegria de quem agradece a Deus as bênçãos recebidas.

Temos todos os nossos filhos queridos conosco, neste momento, representados pelo João, com Renato, Ricardo e Mara, com o nosso prezado José Luiz, que é igualmente nosso filho pelo coração, e junto de nós temos os amigos, na pessoa de nossa irmã de sempre, dona Nega, e pelo amigo José Sebastião, aliás, complementando a família de irmãos que temos no recinto. Agradeço os pensamentos de paz e amor que você, querida esposa, me traz com os corações queridos do Lar.

O primeiro aniversário da morte é também o natalício da verdadeira vida. Trezentos e sessenta e seis dias de saudade que a nossa fé em Deus enfeitou com a esperança. Dizem que o amor imenso, e o afeto das entranhas da alma, pertencem às mães; entretanto, fui pai e estou assim qual você própria, na hipótese de se reconhecer à distância dos filhos queridos. Graças à Divina Providência, não é você em minha situação, porque, em verdade, insubstituível é a presença materna para conservar a estabilidade da família. Conforto-me ao saber que sou eu o suposto ausente, embora reconheça quanto nos dói a todos a separação ilusória. Foi justa, como sempre, a Lei que me arrebatou ao convívio de casa, porquanto, sem a sua companhia no Plano Físico, não saberia, por mim mesmo, de que modo agir para manter a aglutinação de todos os nossos, em torno da nossa confiança recíproca dentro da reunião de que necessitamos para seguir à frente, com o desempenho de nossas obrigações.

Meritória e abençoada premonição

Aqui encontrei disposições da Vida Espiritual que me supreenderam pelo sentido humanitário que as inspira. Os amigos desencarnados, de cuja legião agora participo, se trazem algum equilíbrio, desfrutam a possibilidade de prosseguir ao lado daqueles entes amados, aos quais se vinculam desde que se ofereçam para trabalhar em benefício da vida comunitária de que procedem. Quem aspire à elevação usufrui o direito de buscar o Mais Alto; entretanto, os que se acham presos pelos laços afetivos — os mais sublimes —, preferem as tarefas do ambiente em que viveram e de que foram partícipes nas realizações da retaguarda, e foi assim que preferi estar tanto tempo, quanto me seja possível, em Araras, a terra florida de bênçãos em que Deus nos permitiu constituir o ninho doméstico.

Procuro servir de algum modo, junto aos companheiros do ideal e especialmente nas tarefas da Fraternidade Ararense, nas quais o esforço maçônico é dos mais amplos e mais dignos, especialmente no lado da Vida em que presentemente me encontro.

É por isso que, em todos os seus momentos de tristeza, sinto-me positivamente atingi-

do por suas lembranças e, quanto se me faculta o trabalho, de retorno à intimidade familiar, eis-me compartilhando com você de todas as preocupações e incertezas que lhe alcançam a sensibilidade.

Como vê, não é fácil desencarnar o amor, quanto se desencarna o habitante transitório do corpo físico. Pela força do amor, prosseguimos unidos àqueles que amamos e nem poderia ser de outro modo, porque de que serviria um céu de alegrias fáceis para mães e pais que se apartassem dos filhos — tesouros de Deus que Deus nos confiou?

Peço-lhe, por isso, esperança e otimismo, diante de quaisquer ocorrências da Vida. Recorde, querida companheira, que todos os acontecimentos vão passando, como se estivéssemos aí no mundo inseridos num caleidoscópio a funcionar em câmara lenta. Basta lembrar projetos e realizações nossos de vinte a vinte e cinco janeiros atrás e você perceberá a legitimidade do que afirmo.

Não perca a sua paciência e igualmente não se afaste da sua alegria de viver. Conserve o seu contentamento e a sua confiança na Vida. Nossos filhos e nossos netos, nossos familiares

Meritória e abençoada premonição

e amigos necessitam de nós, quais fôssemos peças lubrificadas com segurança para o melhor funcionamento da engrenagem social de que participamos. Não permita que a tristeza lhe ensombre a face e, nas situações consideradas piores, não arquive o sorriso com que você sempre me abençoava nas lutas de homem que a Bondade do Senhor transformara em pai de família. E não deseje vir ao meu encontro, antes do instante certo. Isso poderia alterar os planos de serviço que abracei a fim de esperá-la com mais recursos de paz e felicidade no futuro. Continue aconchegando nossas novas crianças no coração.

Os netos são amores de nossos meninos, desses doces meninos a que estamos enlaçados para a realização do melhor ao nosso alcance. Creia que afago a todos eles com a mesma ternura e são eles, as riquezas nossas, que me estimulam no aprendizado de servir e de ser mais útil onde me encontro, na continuidade da ventura de prosseguir ao seu lado.

Estimaria relacionar a todos pelos nomes, a fim de marcar-lhes a presença em minhas lembranças escritas, mas dos que estão aí com você, personalizo em nossa pequenina e terna Lucila, de Marta e do Esem, o jardim dos netos queridos; e daqueles com os quais convivo na Espiritualidade, antes mesmo de se corporificarem na Terra, simbolizo na querida Marinazinha, de João e Mírian, a nossa garotada que virá. Não importa me veja aqui, porquanto sei que do lado humano está você repartindo o nosso coração com todos.

Por vezes, querida Diva, as saudades de pai são tão grandes, que procuro na região de minha nova moradia visitar as crianças, que formam em nossos recantos verdadeiros conjuntos de esperança e carinho. É então que me consolo ao abraçar os pequeninos do Parque da Esperança, que desfruta a direção criteriosa e nobre da nossa irmã Rosa Zurita e de muitas companheiras da irmã Yolanda Cabianca, admiráveis amigas da infância carente de amor.

E os diálogos de amizade se desdobram. São irmãos da Fraternidade que estudam novos métodos de auxiliar aos semelhantes, são os amigos Franzini, Rodini, Padre Atílio, Nunes e tantos outros com os quais me entretenho, a fim de assimilar ensinamentos de solidariedade que desconhecia.

Meritória e abençoada premonição

Ao nosso grupo se associou o nosso companheiro Roberto Mercatelli e você pode avaliar quantas faixas de serviço se ampliam presentemente em nosso favor. O nosso Michielin é outro amigo a esforçar-se intensivamente na retomada das construções educativas a que se dedicou na bondade que lhe conhecemos, e Araras prossegue em nós e por nós, à busca do porvir em conjunto com todos aqueles que amamos, que ficaram e que vieram, porque vieram em nosso carinho e em nossa saudade, à maneira de âncoras a nos resguardarem firmes na disciplina do trabalho em pleno mar da vida terrestre.

Peço a você dizer ao nosso Rui e à nossa estimada Maria que o irmão Pedro Pôncio está igualmente em nosso campo de ação e, qual me vejo docemente acorrentado à família, também ele se observa carinhosamente agrilhoado à nossa irmã Sebastiana, a companheira querida e digna, que ele deixou na retaguarda.

Elos divinos! Quem dirá que existe a morte, quando a vida resplende por toda parte? Em nenhum lugar a solidão nem o vazio, porque, ao que me parece, a natureza de Deus deve ser o oceano de amor em que todos nos achamos imersos.

Aqui se encontra em nossa companhia o amigo Ferdinando Pinton, que igualmente se nota ligado à nossa estimada Dona Nega e, qual assinalamos, as conexões da alma nunca se desfazem.

Ao nosso estimado José Luiz desejamos anunciar a presença da irmã Della Torre que, como nos sucede, se incorpora gradativamente à moldura da Vida Espiritual.

Todos nós, os amigos liberados das inibições físicas, aqui estamos e nos rejubilamos com as preces e com os ensinamentos ouvidos.

Da comunidade familiar notei a sensação de estranheza com a ausência dos nomes de meus irmãos em minhas notícias, mas sem possibilidade de nomear a todos, em nosso Luís e em nossa irmã Ida, abraço a quantos permanecem no veludo de recordações da Mamãe Joaninha.

Diva, peça ao Renato e ao João transmitirem aos nossos companheiros do Instituto o meu apelo a que prossigam atentos. O trabalho na extensão do conhecimento liber-

Meritória e abençoada premonição

tador é uma bênção que os nossos Mentores nos concederam, creio que por empréstimo de essência divina, tamanhas são hoje aos meus olhos a responsabilidade e a alegria de que se revestem.

E agora, muito carinho a todos os nossos. Peço à Mara e ao nosso querido Lemão permanecerem atentos aos seus bons avisos e rogo ao seu coração beijar a todos os rebentos de nossos rebentos, a começar da Lucilinha. A todos os meus filhos e nossos amigos a minha dedicação e o meu reconhecimento de todas os dias e para você, querida Diva, neste primeiro ano de muita saudade e de mais amor, de tanta distância e de maior aconchego através da luz de nossa união, para nós divina, todos os sentimentos de ternura e gratidão, de esperança e fé viva em Deus, do esposo e companheiro que foi, é e será sempre o seu

ÍTALO.

NOTAS E IDENTIFICAÇÕES

17 - Carta psicografada pelo médium Francisco C. Xavier, em reunião pública do Grupo Espírita da Prece, em Uberaba, Minas, na noite de 7/3/1980.

18 - Ítalo desencarnou às 14h45 do dia 8/3/1979.

19 - *José Luiz, que é igualmente nosso filho pelo coração* — José Luiz Cóser, grande amigo de Renato, sempre frequentou a casa de Ítalo. Estava presente à reunião.

20 - *Nossa irmã de sempre, dona Nega* — Maria Duarte Pinton, mais conhecida por D. Nega, grande amiga da família.

21 - *Amigo José Sebastião* — Namorado de Mara, filha de Ítalo.

22 - *Trezentos e sessenta e seis dias de saudade* — Ao final da reunião, Chico comentou com a família que, ao ler a carta, de público, estranhou o número 366, pensando que tivesse havido uma falha na captação mediúnica: o certo seria 365 dias. Mas, o Espírito de Ítalo, ao seu lado, explicou que o texto estava certo, pois o ano de 1980 fora bissexto.

23 - *Fraternidade Ararense* — Loja Maçônica "Fraternidade Ararense", à qual Ítalo pertencia.

24 - *nossa pequenina e terna Lucila, de Marta e do Esem* — Na época em que escreveu esta carta, sua netinha Lucila contava com 1 ano de idade.

25 - *e daqueles com os quais convivo na Espiritualidade, antes mesmo de se corporificarem na Terra, simbolizo*

Meritória e abençoada premonição

na querida Marinazinha, de João e Mírian, a nossa garotada que virá — Este é um dos mais lindos trechos da carta de Ítalo, descortinando-nos a evolução de uma família nos dois Mundos: Material e Espiritual, através de abençoadas reencarnações. Quando ele a redigiu, a neta Marinazinha já estava de regresso ao Plano Espiritual havia 2 anos; e, desde então, nasceram mais dois netos: Luciana, filha de Rodolfo e Mirângela, e Ítalo, filho de Marta e Esem.

26 - *É então que me consolo ao abraçar os pequeninos do Parque da Esperança* — Ver comentário sobre o futuro das crianças no Mundo Espiritual na Carta 5, item 3.

27 - *Rosa Zurita* — Rosa Padula Zurita, esposa de Ignácio Zurita Júnior (Identificado na Nota 12 da Carta 3), faleceu em 24/4/1961. "Esposa devotada e mãe amantíssima, fez de sua existência uma lição e um exemplo." Uma das Vilas, o seu Centro Comunitário e um dos Parques Infantis da cidade receberam o nome: "Dona Rosa Padula Zurita" - justas homenagens à sua memória.

28 - *Yolanda Cabianca* — Yolanda Sales Cabianca, dedicada e estimada professora, lecionou, por muitos anos, na Fazenda Santa Cruz, do município de Araras. Faleceu em São Paulo, a 15/8/1971, sendo sepultada em Pirassununga, SP, onde residia. Em

1974, foi homenageada pelo Governo do Estado com a denominação de Escola Estadual de 1º Grau "Profa. Yolanda Sales Cabianca" a um grande estabelecimento de ensino do bairro Jardim Marabá, em Araras.

29 - *Franzini* – Narciso Franzini, amigo e companheiro de diretoria da Associação Atlética Ararense. Faleceu em 3/4/1965.

30 - *Rodini* – José Dante Rodini (9/9/1904-22/11/1962), amigo e companheiro de diretoria da Associação Comercial e Industrial de Araras.

31 - *Padre Atílio* – Padre Attílio Cosci nasceu na cidade de Salerno, Itália, em 1868. Recebeu a batina das mãos de D. Bosco, em Turim, e logo em 1892 embarcou para o Brasil. Em 1903, trabalhando em Guaratinguetá, SP, destacou-se pela caridade com que recebia os salesianos atacados pela febre amarela. Era o único que tinha coragem de ficar com os doentes até o momento da morte. Em 1905, fundou em Batatais, SP, um colégio da congregação. Exerceu sua missão em Araras, SP, de 1923 a 1926, e posteriormente, de 1930 a 19/7/1941, data de seu falecimento. Dotado de grandes virtudes, amigo e conselheiro de todos que o procuravam, até hoje é lembrado com saudades pelo povo ararense, que visita seu túmulo frequentemente. Revelando alto espírito ecumênico, cultivava um bom relacionamento,

e mesmo amizade, com líderes de outras religiões, dentre eles, o Dr. Roberto Mercatelli, com quem fazia tratamento dentário. A importante Avenida Padre Atílio, em Araras, é uma expressiva homenagem póstuma à sua memória.

Além dessa referência na carta de Ítalo, há outra mensagem mediúnica que mostra a operosidade desse sacerdote no Mundo Espiritual. Em Pedro Leopoldo, MG, com a presença de uma caravana de Araras, dirigida pelo Dr. Lauro Michielin, que buscava orientação espiritual para a campanha pró-Sanatório A.L. Sayão, Chico Xavier psicografou, em 7/4/1950, mensagem de Antônio Michielin, avô do Dr. Lauro, da qual destacaremos o seguinte trecho: "Aqui nos achamos com a caravana fraterna diversos companheiros, dentre os quais destaco o Padre Zabeu, o Padre Attílio, o irmão Brito e outros, que aguardam, confiantes, o prosseguimento das tarefas de todos, no rumo de nosso instituto de amor fraternal com o Mestre e Senhor."

32 - *Nunes* — João Nunes Rollo, um dos fundadores da Loja Maçônica "Fraternidade Ararense", foi amigo, confrade e irmão maçônico de Ítalo. Desencarnou em 18/2/1978.

33 - *Roberto Mercatelli* — (23/4/1904-17/7/1979). Amigo e companheiro de Doutrina. Um dos

fundadores do Sanatório A.L. Sayão. Ver sua biografia no *Anuário Espírita 1980,* sob o título: "Roberto Mercatelli, um incansável servidor". (Veja Nota 1 da Carta 5.)

34 - *Michielin* – Dr. Lauro Michielin, advogado e professor de Sociologia, foi um dos fundadores do Sanatório A. L. Sayão e da Loja Maçônica "Fraternidade Ararense". Escreveu várias obras, sob o pseudônimo de Jacques Garnier, dentre elas: *Meditações* (Ed. IDE), até hoje em sucessivas reedições. Editou o 1º número do *Anuário Espírita* (1964). Voltou ao Plano Maior em 24/6/1975, aos 55 anos de idade. Ver sua biografia no *Anuário Espírita 1976.*

35 - *Pedro Pôncio* – Pai de D. Maria Aparecida Pôncio Scanavini, esposa de Rui Scanavini. Faleceu em Araras, a 19/4/1965. Deixou viúva D. Sebastiana, atualmente residente em Sumaré, SP.

36 - *Ferdinando Pinton* – Faleceu em 14/1/1979, deixando viúva D. Nega (D. Maria Duarte Pinton), residente em Araras, presente à reunião pública.

37 - *Della Torre* – Márcia Della Torre (19/1/1965-16/6/79) residia em Mogi Mirim, SP, e faleceu em acidente automobilístico. Seu primo, José Luiz, presente à reunião, em papel colocado sobre a mesa dos trabalhos, havia pedido notícias de seu estado no Mundo Espiritual.

Meritória e abençoada premonição

38 - *Luís e Ida* – Luís Scanavini e Ida Scanavini, irmãos, residentes em Araras.

39 - *Companheiros do Instituto* – Refere-se ao Instituto de Difusão Espírita (IDE).

TERCEIRA CARTA

Querida Diva, Deus nos abençoe.

Não posso furtar-me ao propósito de endereçar a vocês algumas palavras que, de antemão, já sei não se farão uma carta reduzida, embora não disponha de recursos no tempo, a fim de me evidenciar como desejo.

Abraço em você, o Renato, e o Ricardo e todos os nossos queridos ausentes, acrescentando minhas saudações fraternas ao Hércio e à nossa irmã Nazaré.

Diva, agradeço a sua dedicação por tudo de bom e de belo com que você e os nossos filhos me cumulam de reconforto.

Rui e Maria, Renato e Rosa Alice, Rodolfo e Mirângela, João e Mírian, Marta e Esem com a nossa Mara e com o nosso Lemão e todo o estado menor da família permanecem cada vez mais vivos em minha lembrança. Simbolizo em nosso pequeno Ítalo a presença de todos os nossos pequenos e, em nossa irmã Sebastiana, junto ao Rui e Maria, a comunidade dos nossos amigos. Dos irmãos igualmente não me esqueço. Ida e Luís, Santo e Arceu com os mais me povoam os pensamentos. O Rubens, o Gastão, a Angelina, a Mariquinha, a Odila, o Ronaldo e todos os familiares estão comigo.

Entretanto, chega de recorrer às listas da coruja, a dona do enternecimento doméstico e que a minha palavra seja para você, companheira e esposa de sempre, a certeza de que prossigo trabalhando, com todos os meus recursos para construir o futuro que aguardamos.

Estou na tarefa do joão-de-barro... De migalha em migalha edificarei o nosso novo refúgio e espero de Jesus a felicidade de continuar agindo para realizar o melhor.

Estimaria transmitir aos companheiros de Araras, a certeza de que tudo o que fizermos em matéria de plantação da luz espiritual será pouco, mas esse mesmo pouco será muito perante Deus, em face dos empeços que somos compelidos a atravessar para cumprir os deveres que assumimos. A extensão do esforço engrandece a obra, ainda que essa obra se resuma a

Meritória e abençoada premonição

proporções diminutas semelhantes às medidas do grão de areia. Por aqui, não temos senão um objetivo: somar forças para que o bem de todos se levante no território do benefício geral.

O padre Casemiro e o padre Alarico estão unidos a nós outros, os espíritas e os maçons para a mesma utilidade e engrandecimento do progresso geral, com a felicidade possível para cada um.

O Augusto Bertolini recrutou, em Limeira, o Professor Antônio Lordelo e com o Zurita, o Graziano, o Michielin e o Mercatelli, estamos todos na mesma lavra de esperança e trabalho, apagando lembranças negativas que possam surgir e acentuando as recordações edificantes que nos sirvam de estímulo ao serviço por fazer.

Hoje reconheço que não é possível perder tempo no Plano Físico, enquanto podemos fazer o bem, tanto quanto quisermos, como pudermos, com quem for e seja onde for, desde que a consciência tranquila esteja governando a colmeia de nossos pensamentos.

Sou feliz com os meninos em ação nas tarefas que todos iniciamos juntos, e peço a Deus a todos abençoe, renovando-lhes as forças, para que produzam sempre mais nessa fonte bendita que nos foi confiada ao esforço de todos e de cada companheiro em particular.

Querida Diva, em meio de tudo isso, veja o meu coração, pulsando de amor e reconhecimento a você. Se não traço aqui um poema de carinho em sua homenagem, registrei as minhas preocupações de serviço, porque você sempre foi a minha inspiração e o meu incentivo na desincumbência de meus encargos.

Peço desculpas ao Esem por haver involuntariamente omitido o nome dele em minhas expressões de carinho paternal quando o Rui esteve aqui conosco. Foi um lapso de atenção que corrijo, porquanto, à medida que os dias se desdobram mais, descubro no genro o amigo correto e generoso que ele é.

Peço aos amigos da família e do IDE não se preocuparem com a morte, mas tratarem convenientemente do corpo, a fim de guardarem a enxada nas mãos por mais tempo. O meu problema de infartoso desenhou muito receio oculto na paisagem de nossa gente e não há motivo para isso.

Para o Renato e o Ricardo, representantes da "firma nossa", o meu abraço de pai amigo e companheiro agradecido, rogando a você *guardar comigo os melhores planos e as melhores aspirações, com todo o amor do seu Ítalo.*

Ítalo Scanavini.

Notas e Identificações

40 - Carta psicografada pelo médium Francisco C. Xavier, em reunião pública do Grupo Espírita da Prece, em Uberaba, Minas, na noite de 25/7/1981.

41 - *Hércio e Nazaré* — Hércio M.C. Arantes e Maria de Nazareth A. Arantes, casal amigo da família, presente à reunião.

42 - *Ida, Luís, Santo, Arceu, Rubens, Gastão, Angelina, Mariquinha, Odila, Ronaldo* — Irmãos de Ítalo, todos residentes em Araras, SP.

43 - *Padre Casemiro* — Padre Casemiro Continente Ross faleceu em Araras, a 29/9/1945, com 31 anos de idade, quando exercia, já por alguns anos, o seu ministério nesta cidade. Como expressiva homenagem póstuma, uma das ruas de Araras recebeu o seu nome.

44 - *Padre Alarico* — Padre Alarico Zacharias (1870-1942) exerceu o seu ministério em Araras, a partir de 1914. Foi eleito Prefeito em 1924; e de

1925 a 1928, ocupou o cargo de Vice-Prefeito. Fundou o Asilo N.S. do Patrocínio, ainda hoje uma das relevantes obras assistenciais da cidade, localizado na Avenida "Padre Alarico".

45 - *Professor Antônio Lordelo* — Antônio Perches Lordello (Piracicaba/SP, 15/7/1885 — Limeira/SP, 17/2/1964) diplomou-se em 1914 pela, então, Escola Normal de Piracicaba. Em Limeira, lecionou nas Escolas Estaduais "Cel. Flamínio Ferreira de Camargo" e "Brasil", aposentando-se em 1945. Foi um dos fundadores e proprietários do Externato São Luiz, de 1939 a 1944; e diretor do Colégio Santo Antônio, de 1956 a 1962. Há na cidade de Limeira uma rua com seu nome, bem como, é patrono de uma Escola pública: Escola Estadual de Primeiro Grau "Professor Antônio Perches Lordello". (Informações do Prof. Paulo R. Lordello, seu filho.)

46 - *Graziano* — Francisco Graziano (1895-1970) foi Prefeito Municipal e 1º Tabelião do Cartório de Notas e Anexos de Araras.

CARTA 4
Em socorro à família

Jovem inteligente e ativo, André destacava-se nos estudos, sempre entre os primeiros da classe e, nos esportes, vencedor de várias e honrosas medalhas.

Quando cursava com brilhantismo o 2º ano de Medicina, da Fundação Educacional Souza Marques, no Rio de Janeiro, sofreu um mal súbito que o levou rapidamente à morte, na véspera de completar 19 anos de idade, aos 4 de janeiro de 1973. A causa do óbito seria constatada depois: uma ruptura de um traiçoeiro, e até então silencioso, aneurisma cerebral.

André Luiz Souza da Silva, nascido aos 5 de janeiro de 1954, era filho do casal Luiz Dantas da Silva – Nêumis Souza da Silva.

Mas ele voltaria...

Sim. Poucos anos depois da inesperada partida para o Mais Além, ele voltou a conversar com seus entes queridos que deixou na Terra, por abençoado correio mediúnico.

Chico Xavier foi o intérprete do pensamento desse filho amoroso, psicografando laudas e laudas de um verbo convincente, esclarecedor e, acima de tudo, consolador para desesperançados progenitores.

Em entrevista epistolar com os pais de André, atualmente residentes em Juiz de Fora, MG, não os interrogamos sobre o período difícil e aflitivo que passaram após a desencarnação do querido filho. Tomamos essa atitude para não provocar recordações de tempos amargos, como também pelo fato de o casal já ter prestado, em 1977, informações minuciosas ao confrade Rubens S. Germinhasi, incluídas no livro *Luz Bendita* (F.C. Xavier, Emmanuel, Ed. IDEAL). Desse depoimento, transcreveremos, a seguir, alguns tópicos, úteis como preâmbulo à leitura das cartas mediúnicas de André publicadas no próximo Capítulo:

"Devo a minha existência a esse abnegado e incansável médium (Xavier), companheiro e orientador, pois pensava seriamente em desistir desta encarnação. As mensagens (de André) chegaram no momento mais crítico de minha vida. (...) Hoje, professando a Doutrina Espírita, encontrei o lenitivo que muito esperava."(Declaração de D. Nêumis)

Em socorro à família

"Com o meu endosso às palavras de minha esposa, gostaria de levar o meu reconhecimento de público a tão ilustre figura de Chico Xavier. (...) Meu desejo sempre foi muito grande em conhecê-lo pessoalmente, mas em situações mais alegres. Mesmo assim, nossa alegria é eterna por tudo o que representou para nossa família, na sua transformação ao encontro do Caminho, da Verdade e da Vida." (Declaração do Sr. Luiz Dantas)

Mãezinha querida, meu pai.

Primeiro, abençoem-me. É o que lhes peço.

Venho pedir forças às forças maternas. Muito estranho que isso aconteça. Mas a ideia de independência absoluta, a meu ver, é franca ilusão. Todos somos interdependentes. Mesmo depois da morte do corpo. Saudade é isso: dependência do concurso de alguém que amamos. Gravitação entre os mundos e atração no campo dos átomos não são outra cousa. Interdependência atuante. É por isso, mãezinha, que lhe rogo coragem para viver.

Meus companheiros não se formam sozinhos, em nos referindo, a nós outros, os acadêmicos que voltamos para a Vida Maior. Somos apenas transferidos. Meu ideal de Medicina está realizado. Agora, meu pai, é só trabalho que me conferirá a necessária especialização e por isso preciso agir e servir tanto quanto possível a fim de consolidar o que andei estudando aí e aqui.

Mãezinha, o esforço no bem nunca se perde. Peço seja isso dito à nossa estimada Neyle, para quem rogo a Deus a bênção da felicidade.

A luta prossegue. E prossegue sob os laços espirituais a que me reportei. Se aqueles que deixamos na Terra esmorecem na luta, é preciso ser muito forte aqui para não cairmos em depressão. Tristeza é contagiosa, entre os que se amam. O que foi feito, mãezinha, para a restauração de suas forças nos tempos últimos, seu filho não sabe descrever. Recorri a todos os amigos experientes que conheço para ajudar-nos; o nosso amigo Dr. Alcides de Castro e eu mesmo, recordando o nosso caro amigo Dr. Raphael, não repousamos, ao lado de outros médicos amigos para assegurar as suas melhoras. E isso não foi fácil, porque, lá no fundo de seus exames, em nosso lado espiritual, destacava-se a marca de sua quase desistência da vida terrestre. Mãezinha, isso fica nas forças chamadas inconscientes e são registradas aqui. Peço-lhe hoje para que revivifique. Lembre o papai, aflito, pedindo a Deus por nós. E rogo-lhes — pedindo isso aos dois — para que desejem viver por tempo tão longo quanto nos seja possível, porque preciso preparar-me, com mais segurança, a fim de esperá-los.

Sou novo, de novo, na vida nova. Experimentem compreender isso. Devo trabalhar muito para criar méritos, de modo a recebê-los um dia com o amor e a segurança com que me acolheram na Terra.

Mãezinha, um médico pode fazer uma palestra sobre células e doenças, empregando terminologia adequada, para que se faça sentir habilitado ao conhecimento que entesourou em si mesmo; no entanto, concorde comigo, que não existem médicos sem mães, ainda mesmo que estejam no mundo em plena ancianidade. Por isso, quero esquecer os assuntos em que me detive nas páginas anteriores para pedir a meu pai que proteja a nossa querida Miúda, porque tenho necessidade de recorrer à intimidade familiar, recordando a minha própria infância, quando comecei a chamar você, querida Mãezinha, por Miúda e Chupetinha.

Às vezes, o espírito fora da matéria mais

densa deseja planar em linguagem sempre mais alta, mas para os pais e especialmente para as Mães, em muitos lances de nossos apelos, necessitamos recorrer às passagens do lar que ficam sendo somente nossas. Pois viva, querida Miúda, para nós, viva para a execução das Leis de Deus que não desejam a desencarnação prematura para ninguém. Viva, Mãezinha, e se trate como é necessário.

Venho com a Bisa e com o vovô Martinez pedir a você reagir contra o desalento. Desânimo de lutar e de viver é doença grave. Sei que você dirá que não desanimou, mas o que vem a ser a tristeza, senão desânimo disfarçado? A vida do lado de cá é muito mais ativa e, para quem aqui aporta no momento justo, apresenta oportunidades maravilhosas de elevação e de alegria. Na Terra, devemos ser descobertos pela morte, mas nunca devemos pensar em descobri-la. Se a morte nos encontra em serviço, melhor. Passaremos de uma estrada para outra, como quem atravessa um trevo complicado seguindo a sinalização certa.

Não se agaste se o filho recorda o doce nome de Chupetinha. É o anseio de acordar as suas energias mais íntimas para continuarmos em nossas tarefas. Mãezinha, recordemos nossas

Em socorro à família

crianças e nossos doentes. Cooperarei nos tratamentos e você com papai zelarão pela assistência. Trabalhemos. Peço-lhe para que mantenha pontualidade nos remédios. Isso é necessidade clara e simples, tanto quanto necessidade clara e simples é a exigência da alimentação regular.

Agradeço à nossa irmã Nelita por nos haver acompanhado. O amigo Paulo Barbosa, nosso querido amigo e compositor de belas inspirações está presente e deixa para ela o coração de companheiro. Estamos todos vivos, prosseguindo na boa luta, isto é, trabalhando sempre para melhorar situações e cousas de modo a melhorar-nos.

Mãezinha e meu querido pai, perdoem-me tantas lembranças, mas precisava conversar com Mãezinha para fazer-lhe notar que o médico de hoje não mudou o filho de ontem.

Mãezinha, fique alegre, porque confiança em Deus é o maior remédio para a saúde do corpo e da alma. E com os nossos amigos que nos acolhem aqui, numa carta despretensiosa de filho reconhecido, recebam o abraço em que os reúno, a ambos, canto a canto do peito, em meu próprio coração.

Deus nos fortaleça e nos proteja. Nesta

oração final, ofereço aos pais queridos todo o carinho do filho que não os esquece, sempre o filho da esperança e do coração, sempre e cada vez mais reconhecido,

ANDRÉ LUIZ.

Notas e Identificações

1 - Carta recebida pelo médium Francisco C. Xavier, em reunião pública do Grupo Espírita da Prece, na noite de 11/6/1977, em Uberaba, Minas.

2 - *Todos somos interdependentes. Mesmo depois da morte do corpo.* — Uma grande verdade, que merece a nossa meditação.

3 - *Neyle* — Dra. Neyle Maria das Neves Maia, residente no Rio de Janeiro, foi sua colega de Faculdade e de classe. Era sua colega predileta, por quem nutria uma profunda amizade.

4 - *Dr. Alcides de Castro* — Dr. Alcides Neves Ribeiro de Castro, médico desencarnado há mais de 20 anos. Foi presidente do Grupo Espírita Regeneração, no Rio, fundado pelo Dr. Bezerra de Menezes. "Era nosso grande amigo e foi ele que me levou à Doutrina Espírita." (Sr. Luiz)

5 - *Dr. Raphael* – O Sr. Luiz acredita tratar-se do Dr. Raphael de Souza Paiva, médico e amigo de seu filho, residente no Rio.

6 - *destacava-se a marca de sua quase desistência da vida terrestre.* – De acordo com o depoimento de D. Nêumis.

7 - *quando comecei a chamar você, querida Mãezinha, por Miúda e Chupetinha.* – "Apesar do nosso respeito ao médium, tínhamos acertado que só consideraríamos 'autêntica' a mensagem em que ele se referisse a esses apelidos, só por nós conhecidos. Quando Chico leu a mensagem, foi um dia de grande emoção, não só para nós, como também às pessoas presentes, pois muitos choraram, fato registrado inclusive pela revista *Manchete,* cujos repórteres se encontravam lá naquela noite." (Sr. Luiz)

8 - *Venho com a Bisa e com o vovô Martinez* – Maria Ribeiro Martinez e Manoel Martinez, seus bisavós. D. Maria faleceu em 13/3/1964 e o seu marido, há mais de 60 anos.

9 - *Desânimo de lutar e de viver é doença grave. (...) Na Terra devemos ser descobertos pela morte, mas nunca devemos pensar em descobri-la.* – No trabalho do Bem, Entidades Espirituais alertam para o perigo do suicídio, que sempre acarreta grave desequilíbrio espiritual e perispiritual após a morte física. Aqui vemos um

amoroso filho socorrendo sua progenitora, quando enferma, com orientações preciosas para todos nós.

10 - *Nelita e Paulo Barbosa* – Paulo Barbosa, desencarnado há muitos anos, foi um grande compositor. A maioria de suas músicas foi gravada por Carlos Galhardo. D. Nelita, sua esposa, residente no Rio, estava presente à reunião em companhia dos pais de André.

11 - Ao final da mensagem impressa e divulgada pela família, os pais de André colocaram a seguinte "Declaração: Declaramos, para os devidos fins, que o teor desta mensagem – fatos, nomes e situações – é absolutamente autêntico, pois era completamente desconhecido do médium Francisco C. Xavier. (a) Luiz Dantas da Silva/Nêumis Souza da Silva."

Segunda Carta

Senhora Dona Nêumis,
Não me sinto feliz,
ao saber
o que vai acontecer.

Querida Mãezinha, essa roupa que eu tinha, de nome corpo humano, quase que já se desfez. Entretanto, sem temer reencontrar-me no recanto da Velha Penitência os restos da existência, você já se prepara, ante a estranha visita. Peço ao papai Luiz não impedi-la em

Em socorro à família

seu desejo, porque pelo que vejo a coragem de minha Chupetinha é a coragem real, irmã da minha. Fique, porém, sabendo, que é melhor fazer-se acompanhar por vovó Vitalina, porque a sua emoção decerto lhe será no coração, tão estranha e tão forte que você, Mamãe, recordará, chorando, a minha própria morte. Lembre-se, porém, de que estará o seu Dezinho ao seu lado e tão pertinho, que lhe peço pensar em meu progresso e não em nossa retaguarda...

Veja o que fui e fique habilitada para saber por fim que em minha nova estrada tudo é vida e beleza, esperança, alegria, natureza, e que a morte é somente um retrato infeliz que se guarda no mundo daquilo que se foi e que não volta mais, de vez que todos somos imortais.

Transladação, mudança e novo apartamento, afinal eu não sei para que renovar o nosso sofrimento. Mas enfim, meus pais querem e nunca serei eu quem vá contrariar quem tanto me deu. Um dia, a cremação conduzida a preceito fará, sobre este mundo, um campo mais perfeito para instalar nossas recordações... Esperemos, porém, mas com calma e esperança, o tempo que vem longe, em que a fé nos resguarde em plena segurança...

De qualquer modo, Mãe, agora o que

mais me interessa é a outra mudança, em que papai junto a você ganhará nova ideia, nova saúde e nova paz, à distância da boa Dulcineia, e mais longe daquele coração que se nos faz tão caro à nossa própria fé, nossa querida tia e irmã, irmã do coração, a Maria José. Sigamos, pois, em frente, buscando um novo lar e prossigamos juntos, procurando mais luz que nos guarde em Jesus.

Nosso Paulo Barbosa está presente e entrega à nossa irmã, a querida Nelita, o brinde de uma rosa que ele trouxe de nobres melodias, que ele somente sabe compreender, numa rosa de estrelas formando o coração que ele guarda sempre para a esposa querida que lhe inspirou a vida.

E agora, até breve na antiga Penitência, que parece ser a Terceira. Olhe, Mamãe Miúda, que a visita não será brincadeira. Mas você quer fazer o rápido confronto entre aquilo que fui e aquilo que hoje sou; isso me deixa quase tonto, com receio de vê-la amargurada, mas já não posso agir de modo diferente. Você irá e eu irei, o Papai talvez não; ficará no portão numa prece por nós, mas note bem que lhe espero o valor para vencer com amor a prova a que se dá...

E pense que a espero tão sadia e feliz quanto a vejo e tanto quanto a quero, para ir-

mos em paz, respirar, renovar, modificar a vida na luz de outro lugar onde estejamos como sempre, sempre unidos em Deus.

Receba, mãe querida, os pensamentos meus, com papai e com todos – todos os que nos formam o ramo de carinho e de saudade, tanto na Terra, quanto nas luzes da imortalidade.

E aqui termino, minha santa Nêumis,

com um beijo de ternura,

que vem da fonte oculta e sempre bela e pura,

do amor sempre feliz

do seu filho de sempre, do seu

ANDRÉ LUIZ.

Notas e Identificações

12 - Carta recebida pelo médium Francisco C. Xavier, em reunião pública do Grupo Espírita da Prece, na noite de 19/8/1978, em Uberaba, Minas.

13 - O leitor observará que nesta carta André usa um estilo diferente de linguagem – uma agradável prosa rimada –, embora continue a dar as mesmas provas de sua presença espiritual junto à família, como fez na mensagem anterior.

14 - Sem temer reencontrar-me no recanto da Velha Penitência os restos da existência, você já se prepara ante a estranha visita. (..) é melhor fazer-se acompanhar por vovó Vitalina — O pai de André esclarece-nos: "Na ocasião da mensagem, estávamos para fazer a transladação dos ossos para uma urna perpétua que adquirimos, e como acreditávamos que nossa emoção seria forte demais, buscamos encontrar forças espirituais ao lado do amigo Chico, sem nada lhe dizer do nosso receio. Fomos surpreendidos pela mensagem. Velha Penitência, a que ele se refere, é o cemitério da Venerável Ordem Terceira de São Francisco da Penitência, no Rio, onde seu corpo foi sepultado. André era irmão da Ordem. Tínhamos combinado que Nêumis iria assistir ao ato junto com sua mãe, D. Vitalina. Eu ficaria no portão para qualquer eventualidade. Posteriormente, conforme programado, a transladação foi efetuada."

15 - *Dezinho* — Era assim chamado pelos familiares.

16 - *Um dia, a cremação (...)* — Em vida material, André achava que a cremação era uma necessidade do mundo atual.

17 - *Dulcinéia e Maria José* — Parentes com quem os pais de André residiam, no Rio. Na época, estavam de mudança para Juiz de Fora.

CARTA 5
Aviso surpreendente

Em Pedro Leopoldo, Minas Gerais, nos idos de 1950, D. Genny Villas Boas Mercatelli conheceu Chico Xavier, quando integrava um grupo de confrades que trabalhava pela fundação de um hospital psiquiátrico espírita na cidade paulista de Araras, o qual se chamaria Sanatório Antônio Luiz Sayão.

Desde essa época, nasceu uma grande amizade entre ambos, fortalecida pela admiração de seu esposo, Dr. Roberto Mercatelli, pelo médium mineiro. Com a mudança de Xavier para Uberaba, em 1958, o casal passou a visitá-lo assiduamente, encontrando sempre no dileto amigo palavras de orientação e incentivo para as suas múltiplas tarefas na seara espírita, especialmente no Sanatório, que passaram a dirigir desde a sua fundação, em 1957.

Certa ocasião, o casal Mercatelli foi procurado por um amigo da cidade de Leme, SP, que se encontrava enfermo e desejava receber orientação espiritual por intermédio de Chico Xavier, a quem não conhecia pessoalmente. Na impossibilidade de o Dr. Roberto ausentar-se, D. Genny e sua filha prontificaram-se a acompanhá-lo a Uberaba. A viagem foi programada para uma próxima segunda-feira, dia de semana em que, naquela época, Xavier também atendia em reunião pública. Assim foi feito e, no dia 3 de junho de 1968, lá estavam na Comunhão Espírita Cristã, acompanhados de outros confrades, aguardando a vez para falarem com o médium.

Naquela noite, D. Genny sentia-se muito feliz não só por prestar um auxílio fraterno, como também pela participação de uma "reunião do Chico", que por motivos alheios à sua vontade não frequentava havia quase um ano. Mas uma grande surpresa a aguardava para os minutos seguintes. Aproximou-se do médium amigo e, logo após os cumprimentos iniciais, sem que tivesse oportunidade de abordar qualquer questão doutrinária ou expor algum problema pessoal, Xavier lhe afirmou:

— Genny, você precisa voltar hoje mesmo porque sua mãezinha necessita de sua presença.

Aviso surpreendente

— Será possível, Chico? — ela respondeu, profundamente surpresa com a informação. — Realmente, mamãe tem estado adoentada. Porém, não tenho notícia recente do Paraná, onde ela se encontra, de que piorou, tanto é que, hoje cedo, saí de Araras despreocupada.

O médium, pacientemente, reafirmou:

— Vai, minha irmã, vai que a sua mãezinha está precisando muito de você. Aqui está um amigo dos companheiros de Araras, dizendo que os acompanhará na viagem de volta. E aquele senhor gordo, de rosto vermelho, que viajava com vocês nas campanhas pró construção do Sanatório... seu nome termina em ini... ini.

D. Altiva Noronha, residente em Uberaba, naquela noite acompanhava sua dileta amiga Genny àquela reunião doutrinária, e naquele momento entrou no diálogo, exclamando:

— Estou recebendo a intuição de que o nome é Bertolini.

— Esse mesmo — respondeu o médium. — Augusto Bertolini. (*)

Chico conheceu este confrade de Limeira, SP, em 7 de abril de 1950, quando, em companhia de sua esposa Alice, integrava um grupo de Araras que, numa

---

(*) Ver referência à sua pessoa na carta mediúnica de Ítalo Scanavini (Carta 3, Nota de nº 10).

viagem de jipe a Minas Gerais, chegou até Pedro Leopoldo. Nesta cidade, avistaram-se primeiramente na Fazenda Modelo, onde o médium trabalhava, e no mesmo dia, à noite, participaram de uma reunião doutrinária no Centro Espírita Luiz Gonzaga, quando Xavier psicografou uma bela mensagem assinada por Antônio, avô do Dr. Lauro Michielin (que integrava o grupo em companhia de sua futura esposa Dra. Aparecida Crepscki, e de D. Genny V. B. Mercatelli), incentivando o movimento pró-construção do Sanatório. No dia seguinte, o grupo dirigiu-se a Belo Horizonte em companhia do médium, que o apresentou a vários espíritas e amigos daquela capital.

Assim, após um intervalo de dezoito anos, Chico reencontrou-se, naquela noite, com Augusto Bertolini, este já estando no Outro Lado da Vida, mais uma vez acompanhando seus confrades de Araras.

D. Genny, aturdida com o aviso inesperado, agradeceu e afastou-se, permitindo que o médium fosse mais claro para com os demais:

— A mãezinha dela já fez a passagem para o Plano Espiritual. Vocês devem voltar hoje mesmo.

A seguir, o confrade da cidade de Leme recebeu a orientação espiritual almejada e todos se despediram de Chico.

Aviso surpreendente

O grupo demorou-se ainda um pouco na Comunhão, aguardando a vez para receber passe magnético, permitindo que D. Geralda de Andrade Freitas, uma amiga do casal Mercatelli, residente em Uberaba, os alcançasse para comunicar a seguinte notícia telefônica vinda de Araras, transmitida havia poucos minutos pelo Dr. Roberto Mercatelli: a mãe de D. Genny havia desencarnado às dezesseis horas e trinta minutos daquele dia, na cidade paranaense de Santo Antônio da Platina.

Estava confirmada a informação antecipada por via mediúnica.

A palavra de Sayão

Quando D. Genny retornou a Araras, após demorar-se uns dez dias no Paraná, em companhia de seus familiares consternados com o passamento de sua progenitora, encontrou em sua correspondência uma feliz surpresa: uma carta do Espírito de Antônio Luiz Sayão remetida de Uberaba.

Chico Xavier havia psicografado esta carta naquela reunião pública de 3 de junho de 1968, depois da despedida do grupo amigo de Araras, provavelmente noite alta. No dia seguinte, enviou-a à D. Genny, que recebia, sem nada ter pedido, a bênção de palavras confortadoras do patrono espiritual do Sanatório, ajudando-a a superar uma fase difícil, de problemas familiares e de obstáculos no campo do ideal maior.

Minha filha,

Jesus nos abençoe!

Eis-nos na Seara do Amor Total, em nome do Guia Divino, tentando espalhar a clara luz da esperança na senda por onde seguem nossos pés.

Certamente lutas incessantes repontam macerando nossos corações e dificuldades nos assinalam as horas como convites vigorosos à oração e ao recolhimento.

Amores de ontem em roupagens estranhas nos chegam aos braços da ternura, convocando-nos a demorada vigília de apreensão, necessitados de nós. ...Verdugos gratuitos, ou adversários que se creem esbulhados nos seus interesses, ressurgem na sombra das nossas ansiedades, ameaçando-nos... No entanto, filha, acima de tudo Jesus vela e nos conduz. Sua Misericórdia não nos deixa e seu amor não nos esquece.

Continuemos animados e confiantes, embora chova granizo e o chão se adorne de urze ameaçadora; mesmo que experimentemos incompreensão no país da alma e que os nossos melhores planos pareçam prestes a ruir, conti-

Aviso surpreendente

nuemos com Jesus. Ele nos sustentará na amargura e nos enxugará o pranto no seio da noite. Ele nos sustentará.

Louvando-O, acompanhamos o abençoado labor do Sanatório e os planos para o Lar Ismael, rogando aos céus muitas forças para o grupo de valorosos companheiros que em Araras plantam as sementes do Mundo Melhor para o futuro.

Amigos Espirituais abnegados continuam ajudando-os e inspirando-os e, apesar das dificuldades e das últimas mudanças inevitáveis, o programa do Senhor se encontra em plena e sadia execução.

Aumentemos, quanto possível, o concurso da assistência espiritual em nosso Sanatório. O Espiritismo é rota sublime e é claro sol de bênçãos. Tenhamo-lo presente em nossos compromissos, quanto nos permitam as ocasiões.

Asserene-se, filha, e ore. Ore com fervor, entregando-se à Mãe Santíssima. Nós outros, também, estamos orando por você, pelo nosso Roberto e por todos os abnegados companheiros da nossa família espiritual.

Sua mamãe, nosso Upton e amigos ou-

tros fazem-me mensageiro do seu carinho a você e ao nosso Roberto.

Rogando ao Senhor abençoar-nos, sou o servidor de sempre,

SAYÃO.

Notas e Identificações

1 - *Nosso Roberto* — Dr. Roberto Mercatelli presidiu o Sanatório Antônio Luiz Sayão, de Araras, SP, desde a sua fundação, em 1957, até os seus últimos dias terrenos. Desencarnou em 17/7/1979, aos 75 anos de idade (Ver Nota 33 da Carta 3.)

2 - *Sua mamãe* — D. Alzira do Nascimento Villas Boas desencarnou em Santo Antônio da Platina, PR, com 76 anos de idade, em 3/6/1968, data do recebimento desta carta mediúnica.

3 - *Upton* — Foi o primeiro filho do casal Roberto — Genny Mercatelli, falecido com apenas 3 meses de idade, a 8/10/1929, em Santo Antônio da Platina. A partir de 1935, os seus pais, já residentes em Araras, passaram a receber suas mensagens, através de trabalhos mediúnicos de tiptologia ("mesas falantes"), no Centro Espírita João Batista. Nessa época, Upton já apresentava ideias amadurecidas, mostrando que seu Espírito voltou à condição

de adulto em poucos anos de regresso ao Mundo Espiritual. Tanto o seu nome, como esses detalhes de sua vida, eram totalmente desconhecidos do médium Xavier. Sabemos que, após a desencarnação, o corpo espiritual das crianças pode voltar à condição de adulto, que é a normal, exigindo para essa transformação plástica, maior ou menor tempo, dependendo do grau evolutivo da alma. Isto é, quanto maior o progresso moral e intelectual do Espírito, maior é o seu poder mental (plástico) sobre as células do próprio corpo espiritual. (Ver *Evolução em Dois Mundos,* médiuns Francisco C. Xavier e Waldo Vieira, Segunda Parte, Cap. 4; e *Entre a Terra e o Céu,* médium F. C. Xavier, Cap. 9 a 11, ambos do Espírito de André Luiz, Ed. FEB.)

4 - *Sayão* – Dr. Antônio Luiz Sayão, dedicado pioneiro do Espiritismo no Brasil, nasceu na cidade do Rio de Janeiro, aos 12 de abril de 1829. Em 1880, com reuniões iniciais em seu escritório de advocacia, fundou o Grupo dos Humildes, que mais tarde, com o nome de Grupo Ismael, foi incorporado à Federação Espírita Brasileira, dando novo alento e diretrizes seguras a esta instituição. Dentre suas múltiplas atividades doutrinárias, dedicou-se à literatura, escrevendo dois livros: *Trabalhos Espíritas de um pequeno grupo de crentes humildes e Elucidações Evangélicas à luz da Doutrina Espírita.* Sayão

regressou ao Mundo Maior a 31 de março de 1903, em sua própria terra natal. Pelo lápis de Chico Xavier, seu Espírito escreveu, em 1955, a importante "Mensagem de alerta", que abre o livro *Vozes do Grande Além* (Espíritos Diversos, Ed. FEB). *Grandes Espíritas do Brasil,* de Zêus Wantuil, Ed. FEB, dedica a Sayão vinte e duas páginas biográficas.

CARTA 6
Regresso inesperado

"Meu filho Antônio Carlos, nascido em Cruzeiro D'Oeste, Paraná, aos 24 de fevereiro de 1956, foi sempre calmo, observador e amoroso.

Muito ativo, com 4 a 5 anos de idade já gostava de folhear revistas, pedindo-me para ler os textos das gravuras. Atendendo esta precoce manifestação, que se acentuava dia a dia, alfabetizei-o em casa, antes de iniciar o Curso Primário.

Uma forte predileção pela leitura, e posteriormente pelos estudos em geral, foi uma constante em sua vida. Em 1972, inscreveu-se na International Fellowship e conseguiu um estágio de três meses nos Estados Unidos da América, com excelente aproveitamento. Após cursar o Colegial e um período de Cursinho, não teve dificuldade em ingressar numa Faculdade. Aprovado em duas delas, optou pela Engenharia de Barretos, SP.

Em 1975, concluindo o 2º Ano da Faculdade, dirigiu-se à nossa fazenda de Paranavaí, PR, onde passou as férias de fim-de-ano com seu pai. Regressaram a Campinas somente no final das férias, a 28 de fevereiro de 1976.

Na noite do mesmo dia da chegada, Antônio Carlos esteve com os irmãos e amigos no Tênis Clube. E, no dia seguinte, um domingo, fomos almoçar fora e voltamos todos para casa. Pouco depois, aconteceu...

Não sei explicar como pude enfrentar tanta dor... Antônio Carlos foi hospitalizado sem a menor esperança de recuperação, permanecendo em terapia intensiva até a manhã de 6 de março, quando faleceu."

※ ※ ※

"Dois anos após o doloroso acontecimento, não tendo mais condições de suportar as saudades de meu filho, resolvi procurar o médium Chico Xavier, que eu conhecia somente em programas de televisão.

Dirigi-me, então, em companhia de uma amiga, à cidade de Uberaba, na expectativa de receber alguma notícia de Antônio Carlos.

No Grupo Espírita da Prece fui atendida pacientemente pelo médium, porém, muito emocionada, nada consegui dizer.

O mesmo ocorreu na segunda viagem, meses depois, quando novamente fiquei emudecida diante dele.

Somente na terceira viagem consegui identificar-me, dizendo-lhe também o nome de meu querido filho desencarnado. Nesse encontro, Chico deu-me esperanças de que, numa próxima vez, o Espírito dele escreveria uma carta para mim.

De fato, daí a três meses, com imensa felicidade recebi a primeira mensagem de Antônio Carlos, psicografada pelo Chico, em reunião pública do Grupo Espírita da Prece, na noite de 3 de agosto de 1979.

Como agradecer tão grande bênção?

Chico amigo, você que é tão humano e simples, que Deus lhe dê muita saúde e forças para a nossa alegria.

Foi grande o conforto e a coragem que recebi através de você. Só Deus poderá lhe pagar.

Obrigada, Chico."

Este foi o depoimento, em síntese, de D. Djanira Martins Coutinho, residente em Campinas, SP, redigido em janeiro de 1981, atendendo gentilmente à nossa solicitação.

Cartas Psicografadas

Seu filho Antônio Carlos, num gesto que, posteriormente em Espírito, ele mesmo chamaria de lamentável, pôs fim à própria vida física, promovendo seu regresso inesperado ao Mundo Maior. Porém, voltaria três anos depois, por via mediúnica, a dialogar com sua querida mãe, como veremos no próximo Capítulo.

Querida mamãe Djanira, peço me abençoe.

Apesar do tempo transcorrido, ainda me vejo um tanto abatido.

A vovó Carolina me trouxe para dizer-lhe que estou melhorando. Não creias que haja feito o que fiz por vontade própria. Uma força esquisita se impunha ao meu pensamento e, a falar a verdade, somente aqui, na Vida Espiritual, tomei conhecimento do meu gesto infeliz.

Mãe, perdoe-me se a feri. Não me cabia fugir da tarefa quando o seu coração mais necessitava de assistência e compreensão.

Peço-lhe dizer ao papai para que me desculpe. Tantas vezes sinto os pensamentos dele a me buscarem com grande aflição para saber... Saber o porquê da ocorrência. Diga-lhe, Mãezinha, que ninguém teve culpa; minha fraqueza se viu subjugada repentinamente por forças que visavam a nossa separação sem que me assista o direito de acusar a ninguém e tudo se esfacelou em torno de nós.

Sei que o papai espera alguma palavra, e se posso pronunciá-la, essa palavra é perdão — perdão para mim que necessito refazer minha própria segurança.

Tenho a esperança de ver o nosso lar novamente feliz. O meu irmão e a nossa querida Sônia são filhos dedicados e admiráveis e farão por mim a alegria que não consegui construir em favor dos queridos pais.

Nossa fé não desapareceu, não obstante as sombras que o meu gesto lamentável espalhou sobre nós, e com fé estou recuperando a edificação de nossa paz.

Mãezinha querida, perdoe-me se não posso escrever mais. O tempo está esgotado e faltam-me forças, embora a minha vontade de reconstrução do próprio caminho esteja forte e cada vez mais viva por dentro de mim.

Deus sustentará o seu coração querido nesta jornada em que seguimos sempre unidos, apesar da ideia de separação estar agora a nos obscurecer a visão da frente. Jesus, porém, nos guiará e venceremos.

Quando puder, envie minhas palavras de filho a Paranavaí e abrace os irmãos queridos, com a pérola que já nasceu na família para a nossa felicidade.

Receba, querida Mãezinha Djanira, o reconhecimento e o amor incessante de seu filho, ainda sofredor, mas sempre seu filho do coração,

ANTÔNIO CARLOS MARTINS COUTINHO.

Notas e Identificações

1 - *Apesar do tempo transcorrido, ainda me vejo um tanto abatido. (...) seu filho, ainda sofredor* — Numerosas informações do Mais Além — muitas delas, testemunhas pessoais — esclarecem-nos que a autodestruição (do corpo físico) acarreta graves traumas espirituais. E, para curá-los, o Espírito submete-se a prolongado tratamento, de anos e anos, muitas vezes necessitando de nova encarnação para restabelecer-se completamente. (Ver Nota 33 da Carta 4.)

2 - *Vovó Carolina* – Carolina Campos Martins, avó materna, falecida em 1969.

3 - *Papai* – Antônio Coutinho, atualmente residente em Paranavaí, PR.

4 - *Meu irmão* – João Carlos Martins Coutinho.

5 - *Nossa querida Sônia* – Sônia Carolina Coutinho Martins, irmã.

6 - *Abrace a pérola que já nasceu na família* – Aline Bianchi Coutinho, sobrinha.

SEGUNDA CARTA

Querida mãezinha Djanira, agradeço as suas bênçãos de sempre em meu auxílio.

As notícias minhas podem ser reduzidas nas palavras – estou seguindo bem.

Para o filho rebelde que fui, assumindo compromissos tão graves, os obstáculos que ainda atravesso são mínimos.

Sei que o papai não conseguiu aceitar-me as palavras. Console-nos, porém, a convicção de que assinalei a falta que ele nos faz.

O nosso querido João Carlos e a irmã

querida suprem a minha presença, desvelando-se em auxiliá-la. E isso é motivo para muito encorajamento, em meu favor.

A vovó Carolina me tutela até hoje, qual se lhe fosse filho há muito tempo.

A dificuldade de adaptação para seu filho não tem sido pequena, ante a vida nova. Tudo porque não soube de minha parte esperar a ocasião exata a fim de retornar... Compreendo... Por toda parte, recebo sorrisos e boas palavras; no entanto, reconheço a minha culpa por mim mesmo e, sem que ninquém me admoeste, é a minha própria consciência que me endereça os conflitos nos quais ainda me encontro.

Sei que o seu carinho me recorda as datas de aniversário e agradeço-lhe as preces e vibrações de paz e amor.

Mãezinha Djanira, a sua abnegação em nosso auxílio é um ensinamento constante para mim. Sofra com paciência e aguardemos dias melhores.

Desculpe-me se estou desarmado de recursos para lhe ser útil, mesmo porque ainda *é em suas orações e lembranças que encontro o meu maior conforto.*

Ao João Carlos, à irmã querida e à nossa querida Aline o meu especial carinho, e pedindo a Jesus por sua paz e felicidade, sou o filho que lhe deve a bênção da vida e a luz para o caminho com que me cabe seguir à frente.

Muitos beijos do seu filho saudoso e agradecido,

ANTÔNIO CARLOS M. COUTINHO.

Notas

7 - Carta psicografada pelo médium Francisco C. Xavier, em reunião pública do Grupo Espírita da Prece, Uberaba, MG, a 23/2/1980.

8 - *Sem que ninguém me admoeste, é a minha própria consciência que me endereça os conflitos nos quais ainda me encontro.* – Esta experiência pessoal de Antônio Carlos é um exemplo vivo da explicação que os Espíritos deram a Kardec, ao responderem a pergunta: "– Onde está escrita a lei de Deus?" com a

elucidativa resposta: "– Na consciência." *(O Livro dos Espíritos,* Questão 621.)

9 - *Sei que o seu carinho me recorda as datas de aniversário.* – Esta carta foi escrita na véspera da data de seu aniversário: 24/2.

CARTA 7
D. Amália, a secretária de Eurípedes

Em 1974, a Fundação Educandário Pestalozzi, grande instituição espírita da cidade paulista de Franca, atravessava uma fase difícil, com problemas que muito preocupavam os seus fundadores e diretores, Dr. Tomaz Novelino e sua esposa, Profa. Maria Aparecida R. Novelino.

Nesta época, o casal recebeu em sua residência a visita de Chico Xavier, que, em certo momento do diálogo fraterno, pediu para que se recolhessem em prece, numa sala reservada, solicitando também papel e lápis. Logo atendido, o médium psicografou uma carta do Espírito de D. Amália Ferreira de Mello, escrita de coração para coração aos seus estimados amigos *Novelino e Cida* – assim tratando-os como fazia, na intimidade, quando encarnada –, transmitindo-lhes oportunas orientações e muito conforto espiritual.

Como preâmbulo à leitura desta carta, ouçamos a palavra de D. Maria Aparecida, que, atendendo gentilmente ao nosso pedido, nos apresentará à secretária de Eurípedes, e nos dirá do relacionamento feliz, seu e do esposo, com o médium amigo de Uberaba:

"D. Amália e eu

Conheci-a naquele longínquo 30 de abril de 1936, véspera de 1º de maio, data do nascimento de Eurípedes Barsanulfo, em casa da mãe do lembrado apóstolo, na cidade de Sacramento.

Eu me sentia, lembro-me perfeitamente, muito feliz. Estava naquele recanto mineiro em companhia de meu noivo que me levara até lá para me apresentar à família de Eurípedes, ele que era muito chegado a ela e que fora, mesmo, discípulo do grande mestre.

Fiquei hospedada em casa de D. Meca e ninguém pode imaginar a alegria que então sentia. Sacramento parecia-me – e não será? – uma cidade carismática. Por suas ruas andara Eurípedes, seu ar fora por ele respirado, ali trabalhara intensamente e ali moravam ainda, naquela época, seus parentes e amigos. Por isso eu estava muito feliz, ainda mais que nas comemorações da noite seguinte deveria ler uma página que escrevera a respeito do mestre amado e do seu trabalho.

A casa de D. Meca, naquelas ocasiões, tinha um ambiente de festa. Os filhos todos, e eles eram muitos, noras, genros, netos, amigos de várias cidades, todos ali se reuniam, entrando e saindo, cumprimentando-se, abraçando-se, conversando numa alegria sadia e fraterna. E D. Meca querida ia me apresentando a todos. Chega a vez de D. Amália, apresentada como a secretária de Eurípedes. Estava ela como sempre depois a vi, sorridente, pequenina e magra, trajando um singelo vestido branco. Assim a conheci e terna amizade selou-nos as vidas.

Soube que D. Amália tinha dois irmãos que mais tarde conheci, duas cunhadas e vários sobrinhos. Casara-se bem jovem, mas o casamento não lhe trouxe a paz desejada e dentro de quatro anos viu-se separada do companheiro. Foi então para Sacramento fazer tratamento com Eurípedes, e D. Meca a acolheu em sua casa, de onde nunca mais se afastou a não ser por breves períodos, algum tempo com a mãe e depois em visitas aos irmãos e sobrinhos.

Data, ainda, dessa época, talvez pelo desequilíbrio nervoso que sofrera, a insônia terrível que a acometeu e que a fez passar anos sem dormir. "Duas vidas numa só existência" costumava lhe dizer Eurípedes. Só bem próxima ao fim da jornada terrena conseguia uma ou duas horas de sono por noite.

Ao que ela me relatou, logo após seu tratamento com Eurípedes e sentindo-se mais restabelecida, começou a ajudá-lo na confecção de remédios de sua farmácia, bem como se tornou sua secretária nos labores que ele não tinha tempo de executar. E de ver-se em manuscritos antigos a letra linda, firme e uniforme que ela possuía, bem como a nobreza de suas frases.

Também na confecção de trabalhos manuais, no arranjo de uma jarra com flores, em tudo que demandasse paciência, bom gosto e finura artística, ela era mestra exímia.

Todas as vezes que íamos a Sacramento, lá encontrávamos D. Amália sempre sorridente, sempre calma, sempre exemplo digno. Uma ocasião, esteve em nossa casa, em Franca, por uns dois meses. Recordo-me que confeccionou duas maravilhosas capas de lã para minhas duas filhas mais velhas e era a amiga certa e firme nos trabalhos espirituais que então realizávamos. Dessa época, há pouco tempo, vi no Lar de Eurípedes uma fotografia que muita saudade me trouxe.

Mais tarde, D. Amália, Corina Novelino e Maria da Cruz idealizaram e iniciaram a construção de um lar para meninas desamparadas – O Lar de Eurípedes. Não seguimos, meu marido e eu, o trabalho das três heroínas abnegadas. Também estávamos assoberbados com a estruturação do Educandário Pestalozzi e nenhum momento tínhamos para outra cousa, a não ser o trabalho que por anos ininterruptos nos tomou todas as forças.

Imagino, contudo, a luta que sofreram, os desânimos dos pessimistas que as afrontaram, a falta de recursos monetários que as abafou. D. Amália era a tesoureira da organização. Sua escrita era a mais honesta possível, os tostões contadinhos e ela procurava dar-lhes o melhor rumo. Foi daí em diante que ela se tornou a "tia Amália" de muitos e a "vó Amália" das internadas do Lar de Eurípedes.

Um dia, percebeu que as forças lhe iam faltando. Já não podia subir as escadas do edifício, já quase não se levantava, pouco se erguia da cama no canto de seu quartinho simples, no Lar. Foi aí que conversei com ela pela última vez. Entre tantos fatos bonitos – e como gostava de conversar! – narrou-me um sonho lindo que tivera, em que numa reunião, congresso talvez de espíritos luminosos, ela vira Bezerra de Menezes à presidência. Parece-me, hoje, depois dos livros maravilhosos de André Luiz conseguidos graças à psicografia inigualável de Chico Xavier, que D. Amália, em realidade, visitara a espiritualidade e estivera presente a uma alta reunião de espíritos redimidos.

Certa vez... a notícia. D. Amália partira. Sofrera muito. Diziam que era câncer nos intestinos, fígado, estômago, que se sabe? Ela se foi, era o fato consumado. No entanto, que maravilha é a Doutrina Espírita! – um dia... ou melhor, uma noite... 22 de abril de 1974... estávamos chocados com a súbita partida de uma de nossas professoras, desaparecida aos 22 anos em virtude de um acidente automobilístico...

Chico Xavier e nós.

Conhecemos Chico Xavier quando ainda residia numa singela casinha de sua amada Pedro Leopoldo. Estivéramos, meu marido, minhas filhas e eu, durante todo o mês, no Rio de Janeiro, onde Novelino fizera um curso de cirurgia. Do Rio fomos a Belo Horizonte, no intuito de chegarmos até Pedro Leopoldo e lá conhecer o Chico. Era 1944. Encontramos o querido médium à porta do Correio e de lá fomos a sua casa. À noite, na reunião costumeira que ele realizava, recebemos por seu intermédio uma maravilhosa comunicação de Eurípedes, incentivando-nos aos trabalhos que pensávamos realizar e alertando-nos contra os perigos que atravessaríamos. Alertou-nos quando disse: – "Os monstros do passado delituoso costumam atacar os trabalhadores desprevenidos" e incentivou-nos à luta ainda mesmo aguerrida quando continua – "mas os discípulos de bom ânimo perseveram até o fim."

Naquela época, o "Pestalozzi" para nós ainda estava na área do sonho, pois a primeira escolinha – "Escola Pestalozzi" – só se iniciou em agosto desse mesmo ano, 1944, e a Fundação, em maio de 45.

E quantas lutas sofremos! Mas Deus sabe que nunca pensamos desistir!

Nesse ínterim, mudara-se o Chico para Uberaba. Nessa cidade, visitamo-lo apenas por duas ou três vezes. Mais não foi possível devido às preocupações imensas que nos assoberbavam e ao quase total regime de trabalho e servidão em que vivíamos naqueles anos titubeantes do "Pestalozzi".

Em 1970, 20 de maio, comemorava o nosso Instituto o seu jubileu de prata e para as solenidades convidamos o Chico. Como por milagre, acedeu, e tivemos com ele uma sensacional tarde de autógrafos e, à noite, uma sessão pública memorável. Ao final dessa reunião, recebeu uma poesia de Castro Alves, composta de oito estrofes de oito versos cada uma, bem no estilo próprio do poeta baiano, falando sobre a excelsitude da educação e assim terminando:

> Companheiros do Evangelho,
> Que o vosso amor vibre puro,
> Edificando o futuro,
> Na Luz Excelsa do Pai!
> Eis que o Cristo nos conclama,
> Sob o fulgor do Cruzeiro,
> Repetindo ao mundo inteiro:
> – "Espíritas, educai!..."

D. Amália, Chico Xavier e nós

Ora, naquela noite, 22 de abril de 1974, dia do enterramento do corpo material da doce Ana Maria, como já foi lembrado, estando Chico Xavier em nossa casa, recebeu para nós uma mensagem da querida D. Amália.

Antes da sua transcrição comentarei apenas alguns tópicos, afirmando que ela veio ao encontro de nossas necessidades do momento, visto estarmos em fase de muita desolação e aperturas:

> *"O trabalho é nosso, quase por privilégio, se pudéssemos falar em prerrogativa na Seara do Bem".*

> *"... rogamos a vocês dois paciência e coragem."*

> *"Não se sintam marginalizados por esse ou aquele motivo."*

> *"o alicerce é o mesmo. Vocês dois em Jesus"*

> *"Vocês deveriam construir um reino em louvor de Jesus, com a fé e a cultura, coração e cérebro integrados pelo trabalho a se garantir com a precisa autossuficiência e fizeram esse reino"*

Para que continuar? Seria preciso repetir a cartamensagem de D. Amália para saborear, de novo, cada frase de carinho e observações que ela contém.

Sim, a suave D. Amália é, ainda continua a ser, a abnegada secretária de Eurípedes!

Nesse dia em que me foi solicitado escrever alguma cousa sobre o nosso relacionamento, faço-o com o coração e com a melhor das intenções, da emoção e da agridoce saudade. Não ofereço datas sobre a vida dela porque me faltam dados positivos e necessária seria uma pesquisa que não posso realizar. Relato apenas e simplesmente nosso conhecimento, nossa convivência, nossa amizade e o carinho que ela continua a nos ofertar no Mundo da Verdade em que hoje se encontra.

Maria Aparecida Rebêlo Novelino."

Novelino, Aparecida, rendamos graças a Deus!

O trabalho é nosso, quase por privilégio, se pudéssemos falar em prerrogativa na Seara do Bem.

Compreendemos o que vai ocorrendo. A obra, em vocês e com vocês, cresceu muito. As-

sumiu dimensões novas. Atividades da área de nossa fé se interligam com as áreas do trabalho educativo, baseado nas competições de ordem profissional. Isso, por vezes, desgasta e aborrece.

Entretanto, rogamos a vocês dois paciência e coragem. Paciência para suportar, coragem para prosseguir. Não se sintam marginalizados por esse ou aquele motivo. A tarefa agigantou-se, mas o alicerce é o mesmo — vocês dois em Jesus. Em Novelino, a força da realização, em Cida, o sentimento que lhe assegura a estabilidade.

Unamo-nos. Em qualquer dificuldade, oremos juntos. Estaremos com vocês. Não se encontram, sem razões justas, com a edificação em andamento. Vocês deveriam construir um reino em louvor de Jesus, com a fé e a cultura, coração e cérebro integrados pelo trabalho a se garantir com a precisa autossuficiência e fizeram esse reino. O "Pestalozzi" é o castelo do passado, hoje convertido em oficina e templo, homenageando a Humanidade, em Cristo, por um Mundo Melhor.

Natural que manter seja muito mais difícil que inaugurar. Misturemos nossas esperanças e lágrimas, reflexões e lutas, seguindo para

D. Amália, a secretária de Eurípedes

a frente. O amor vence os antagonismos, tanto quanto a luz dissipa as sombras. Sitiados, muitas vezes, por aqueles mesmos adversários do pretérito que teimávamos em combater, somos hoje chamados a transformá-los com a energia do nosso amor.

Cida, os problemas são lições, quantas vezes, ásperas demais; no entanto, é necessário aceitá-los, para, em seguida, atenuá-los e extingui-los e, quando isto não se nos faça possível, urge contorná-los e seguir adiante, com a certeza de que a Providência do Senhor não nos esquece com os recursos precisos.

Novelino amigo, nosso Eurípedes está a postos. Amigo de sempre, companheiro de todos os dias.

Atendamos à faixa de tempo, mesmo pequena, de semana a semana, para juntos dialogarmos em nossa confiança recíproca. Vocês dois falarão na prece e responderemos em pensamento.

Muitos amigos estão conosco e nunca estivemos só. Zelem da saúde física. A máquina é preciosa. Justo amparála e abençoá-la. Não temam. Guardemos serenidade e estejamos certos de que o Apoio Divino não nos faltará.

Continua sendo sempre agradecida a irmã pelo coração, quase que constantemente com vocês,

AMÁLIA

Identificações

1 - *"Pestalozzi"* – Fundação Educandário Pestalozzi, de Franca, SP.

2 - *Eurípedes* – Eurípedes Barsanulfo (1880-1918), grande vulto do Espiritismo brasileiro.

3 - *Amália* – Amália Ferreira de Mello nasceu em Sacramento, MG, a 19/9/1888, e desencarnou em sua própria terra natal, a 30/11/1963. Ver outras informações biográficas dessa devotada seareira no livro: *Eurípedes - o Homem e a Missão,* Corina Novelino, IDE; e no artigo: "Eurípedes e sua Equipe", *Anuário Espírita 1980,* de autoria de Corina Novelino.

CARTA 8
Unidos pelas recordações e preces

Conhecemos a dor maior da família do jovem Aulus, com o seu inesperado e súbito retorno ao Mundo Maior, em acidente automobilístico, quando organizávamos, em 1977, o livro *Amor Sem Adeus* (médium F. C. Xavier, Espírito de Walter, IDE, Araras, SP).

Naquela época, D. Camélia de Paula e Silva Bastos, sua progenitora, residente em Ribeirão Preto, SP, deu-nos por escrito um interessante depoimento, incluído no Capítulo 15 da referida obra, no qual ela explicava o seu relacionamento fraterno e amigo com D. Maria Perrone, mãe de Walter, residente em São Paulo, iniciado nas reuniões públicas do Grupo Espírita da Prece, em Uberaba, Minas.

"Daí por diante – escreveu D. Camélia –, sempre que D. Maria ia a Uberaba, não deixava de nos telefonar, convidando-nos para irmos nos encontrar naquela cidade. Algumas vezes, foi-nos possível aceitar seu amável convite, razão pela qual pudemos associar-nos ao seu júbilo, quando, repetidas vezes, recebia novas mensagens do seu Waltinho, que passamos a estimar muito, pelo filho carinhoso que foi e continua sendo.

Começamos, então, a pedir-lhe, em nossas orações, se tornasse generoso amigo de nosso filho e nos desse notícias dele, caso não lhe fosse possível dar mensagens de próprio punho.

Grande conforto foi para nós quando recebemos, por intermédio do bondoso Waltinho, em sua mensagem de 10 de abril de 1976, notícias do nosso amado filho."

Por que Aulus, falecido em 1972, não havia até então se comunicado pela psicografia?

***

Esta era a indagação mental que, evidentemente, sua mãe sempre fazia ao ver tantos jovens, com tempo menor de desencarnação do que seu filho, escrevendo pela via mediúnica.

A resposta veio na referida mensagem de Waltinho, nos seguintes termos:

"Aulus e Amaury rogam aos pais queridos coragem

e esperança. (...) E Aulus abraça os queridos progenitores que esperam sempre as expressões escritas. Também ele aguarda recursos de integração com o processo mediúnico da escrita, mas diz à mãezinha, nossa irmã D. Camélia, que ela o registra quase constantemente, de vez que, pelas recordações e preces, estão sempre unidos."

Apenas três meses após a bênção deste recado consolador, D. Camélia e seus familiares receberam, pelo lápis mediúnico de Chico Xavier, a carta tão esperada. Superando suas dificuldades, Aulus conseguiu transmitir por escrito as suas próprias notícias, na reunião pública do Grupo Espírita da Prece, em 24 de julho de 1976.

E, em outras ocasiões — como veremos a seguir —, escreveu preciosas cartas, de ternura e bom senso, demonstrando participar dos problemas da família que deixou na Terra, mesmo vivendo em outra faixa vibratória.

> *Querida mãezinha, meu querido pai, minha querida vó Jerônima, amores de nossa vida, peço a Deus que nos abençoe e nos proteja sempre.*
>
> *Na própria saudade tão nossa, percebem os meus queridos que não estou ausente.*
>
> *As lágrimas se trocam no mesmo ritmo em que as alegrias são permutadas. Mamãe,*

nós vivemos uns nos outros, tanto na vida física quanto fora dela.

Tenhamos calma e sustentemos a nossa fé. Sei que esperam por mim nas letras, mas estamos juntos nos pensamentos. Não é fácil a desvinculação dos que se despojam do corpo, à maneira de quem despe certa peça de roupa, de vez que prosseguimos enlaçados no amor com que Deus nos reúne.

Creio que pelas muitas conversações que temos tido em casa, em que me assemelho a sujeito oculto, a refletir-me nas opiniões do papai, todos já compreendem que já varei o tempo de readaptação aos sistemas de vida no mundo a que fui trazido. Por isso dispenso-me de considerações sobre aquele ano novo que realmente foi para mim de plena renovação. Peço-lhes não pensem demasiado sobre os motivos do acidente. Sabemos que estamos sempre encontrando o ontem e preparando o amanhã nas horas de hoje. E, por essa razão, o carro a desorientar-se estava em meu programa e no programa dos companheiros.

Respondo a certa questão que se levantou: falo sobre os pneus calvos que efetivamente nos serviram de instrumento ao resgate, mas

Unidos pelas recordações e preces

por isso ninguém deve deixar de zelar pelos veículos, observando como estão e o que serão capazes de fazer ou servir quando se colocarem na movimentação que se lhes exige. Pneus calvos nos levaram a resgatar dívidas do espírito, mas se é verdade que isso aconteceu, isso não é razão para que a pessoa não se importe com as máquinas. As máquinas são criações nossas e tudo o que inventamos no mundo em nosso favor reclama atenção e cuidado de nossa parte.

Felizmente, o que passou, passou... Agora, mãezinha, precisamos de confiança em Deus e viver, viver conforme as leis de Deus que respeitamos.

Peço-lhes proteção para o nosso Marcos. Estou firme, tentando ajudar ao irmão e amigo; entretanto, sabemos, não é muito fácil suportar tantas dificuldades na hora juvenil *dos que atravessam hoje as faixas da mocidade física na Terra, sem riscos e sem lutas.*

Acompanhei as alegrias do aniversário do irmão querido e compartilho das preces de todos no lar, para que o vejamos valoroso e feliz.

Contudo, mamãe, felicidade varia tanto, de alma para alma, que mais vale observar o que deseja o meu irmão do que esperarmos que ele se atenha ao que lhe traçarmos, crendo com isso arquitetar as vitórias de que ele se colocou à procura.

Estamos juntos e juntos seguiremos para diante. As palavras de papai e as suas preces, mãezinha, aqui se completaram para mim como sendo a lâmpada e a luz que me clarearam as estradas novas. Coragem e fé em Deus, é o que lhes peço.

Cristina, Marta e os corações queridos de nossos amados nos recantos da alma jazem comigo, à feição de nossos tesouros.

A senhora, mãezinha, com o nosso anjo da família, que a recebeu no carinho materno, a querida Vovó Jerônima, continuem com as nossas preces.

Não precisamos alterar os caminhos e sim renovar a nós mesmos.

Não percam as oportunidades de conversar com muito amor com o nosso Marcos e saibamos conservar a certeza de que todos somos de Deus.

Vovô Afrânio e o nosso amigo Cônego Osório estão comigo, enquanto escrevo. Vovô

Unidos pelas recordações e preces

Afrânio pede seja dito à Vovó Jerônima que ele não a esquece, que os amigos da antiga Fazenda Rio Verde o receberam aqui com o maior enternecimento e com a maior alegria, e notifica à Vovó que o Padre José Marinho foi para ele um novo pai espiritual na vinda para cá.

Meu pai, continue a falar-nos das verdades da vida e abençoe-nos.

Mãezinha, com a Vovó Jerônima, abençoe-me e todos recebam o carinho imenso e o imenso amor do filho e neto reconhecido, hoje mais profundamente ligado ao nosso lar, com as nossas esperanças reunidas em Jesus Cristo.

Sempre o filho devedor e agradecido,

AULUS

Notas e Identificações

1 - Carta recebida pelo médium F.C. Xavier, em reunião pública do Grupo Espírita da Prece, a 24/7/1976, em Uberaba, Minas.

2 - *Vó Jerônima* – D. Jerônima Furtado Damasceno e Silva, avó materna, presente à reunião.

3 - *Estamos sempre encontrando o* ontem *e preparando o* amanhã *nas horas de hoje.* — Eis uma síntese notável de nossa evolução espiritual através de reencarnações sucessivas.

4 - *Pneus calvos nos levaram a resgatar dívidas do espírito* — A perda da vida física em plena mocidade estava no programa traçado em obediência à Lei de Causa e Efeito ou de Responsabilidade, que espelha a Justiça Divina. (Ver *O Livro dos Espíritos,* 4a. Parte, cap. 2; e *O Evangelho Segundo o Espiritismo,* Cap. 5, ambos de Allan Kardec.)

5 - *Marcos* — Marcos de Paula e Silva Bastos, irmão um ano mais novo que Aulus.

6 - *Acompanhei as alegrias do aniversário do irmão* — O aniversário de Marcos tinha sido na véspera, dia 23 de julho.

7 - *Cristina e Marta* — Irmãs.

8 - *Vovô Afrânio* — Afrânio de Paula e Silva, avô materno, falecido dois anos após a desencarnação de Aulus.

9 - *Cônego Osório* — Sacerdote católico que batizou a mãe de Aulus, em Frutal, MG. Faleceu há muitos anos, provavelmente em Uberaba.

10 - *Fazenda Rio Verde* — Extensa propriedade

agrícola no município de Frutal, cujo nome desaparecera com a subdivisão da mesma em outras fazendas menores. Este nome era desconhecido até pela mãe de Aulus, tendo sido comprovado pela vovó Jerônima.

11 - *Padre José Marinho* — Primeiro sacerdote católico da cidade de Frutal, onde nasceu a mãe de Aulus. D. Jerônima explicou-nos que não o conheceu, mas sabe que ele foi perseguido por inimigos, sendo amparado na época pelo bisavô de D. Camélia.

12 - *Aulus* — Aulus de Paula e Silva Bastos, filho de Urbano dos Santos Bastos e Camélia de Paula e Silva Bastos, nasceu a 14/7/1955 e faleceu a 31/12/1972, em acidente automobilístico na Via Anhanguera. Na época, cursava o 2º Colegial e um Cursinho com vistas ao vestibular de Engenharia. A família é de Ribeirão Preto, SP.

SEGUNDA CARTA

Mãe querida e querido papai, abençoem-me.

Umas palavras somente. Felicidades, mamãe, por seu maravilhoso Dia de Rainha do Lar, nestes votos de paz e alegria em que me expresso, rogando as bênçãos de Deus em seu favor, extensivamente à vovó. Mãezinha Camélia, as felicitações por seu aniversário sempre querido aqui se encontram igualmente reunidas às que estou formulando pelo Dia das Mães.

Diga ao Marcos para sair da fossa e viver ao sol da esperança, colocada na fé positiva em Deus.

E peço seja dito à Cristina que ela não perderá por acrescentar paciência à paciência de que a querida irmã já se faz portadora. A tristeza e a irritação me parecem contagiosas e o cunhado, profissionalmente, ainda precisa viajar em serviço.

Muito amor ao papai e à vovó que nos esperam. E com o meu coração a reuni-la com o querido papai e com os meus irmãos num só abraço de muito amor, sou e serei sempre o seu filho que lhe traz nesta noite toda a ternura e toda a gratidão que é capaz de sentir.

Sempre reconhecido, o seu,

AULUS.

Notas e Identificações

13 - Carta psicografada pelo médium F. C. Xavier, em reunião pública do Grupo Espírita da Prece, em Uberaba, Minas, na noite de 17/5/1979.

14 - *Felicitações por seu aniversário* — O aniversário de sua mãe é no dia 15 de maio.

15 - *Cristina* — Cristina de Paula e Silva Bastos Lima, irmã, casada com o sr. Carlos Roberto Mota Lima.

Terceira Carta

Querida mãezinha Camélia, querido papai Urbano, querida vovó e querido Marcos.

Em oração peço a Deus nos abençoe a todos. Aqui é unicamente um alô para o nosso Marcos, no qual rogo ao irmão serenidade e paciência com a vida a fim de vencer na trilha em que fomos colocados pelos Poderes Superiores que nos governam.

Muito teria a dizer, mas o tempo é implacável, os ponteiros não cessam de caminhar qual ocorre ao coração que não para de pulsar.

Cartas Psicografadas

O vovô Afrânio veio em nossa companhia e promete prosseguir trabalhando em nosso auxílio.

Aos irmãos sempre queridos e aos queridos pais, o abraço envolvente e iluminado de muita fé em Deus, com todo o coração do filho sempre reconhecido,

AULUS.

Notas

16 - Carta psicografada pelo médium F. C. Xavier, em reunião pública do Grupo Espírita da Prece, em Uberaba, Minas, a 14/9/1979.

QUARTA CARTA

Querida mãezinha Camélia, estou na tradição, a fazer-me seu menino de novo e a pedir-lhe que me abençoe.

O tempo inflexível rege a nossa estrada e todos os fatos são arquivados pelas horas que se sucedem umas às outras.

Importante considerar, porém, que o

Unidos pelas recordações e preces

coração expressando sentimento é superior a qualquer outra força da vida. Acontece que o amor vem de Deus e, por isso mesmo, o amor permanece, acima de quaisquer transformações. Muito se alterou em minha vida mental e creio que o mesmo terá ocorrido em nossa querida família, entre as nossas paredes domésticas. Entretanto, os sentimentos nossos perseveram sempre autênticos, sempre os mesmos.

Quanto posso volvo ao lar e compartilho de suas tarefas e lutas, associando-me ao papai Urbano, a fim de reconfortá-la. As mães estão sempre satisfeitas e sempre ansiosas ao mesmo tempo. Satisfeitas porque se reencontram nos filhos que Deus lhes confiou e ansiosas porquanto esperam de cada filho um modelo de herói, qual sonham no carinho que nos dedicam.

Compreendo agora, Mamãe, que as nossas idealizações são diversas das realidades fundamentais. Em vista disso, rogo ao seu carinho sustentar o seu armazém de paciência e calma, de modo a socorrer-nos a todos, em nossas aquisições de espírito. Para que o suprimento desse reservatório de bênçãos não sofra carência, peço para que as suas orações não esmoreçam. Não digo isso porque a palavra realiza milagres tão somente por si. É que a prece é, mais que tudo, ligação com o Poder Divino, sempre inesgotável para reformar-nos o abastecimento de energias.

Querida Mãezinha, quando a tristeza lhe bater à porta do coração, considere as alegrias que os Mensageiros do Bem nos ofertam incessantemente e não se deixe dominar pela sombra. As provas e os problemas do cotidiano constituem lições na escola do mundo e terminam, sempre que as suportemos com amor e trabalho no melhor a fazer, em fontes de êxito e de alegria, estabelecendo degraus de conhecimento pelos quais se pode procurar a bênção da elevação. Sempre que esse ou aquele acontecimento lhe fira a sensibilidade, reúna-se, quanto possível, com meu pai, em oração, e entraremos no intercâmbio espiritual mais ativo, do qual participarão amigos e benfeitores nossos que nos auxiliarão no setor do entendimento.

Posso ainda tão pouco e voltei com tamanha necessidade de preparação mais íntima ante a Espiritualidade que, efetivamente, ainda não consigo realizar o que desejo a favor de nossa casa; entretanto, não nos faltam dedicações queridas nos Planos da Vida Maior, inva-

riavelmente prontos a sustentar-nos na trilha a percorrer.

Estamos cooperando em apoio ao nosso Marcos. Continuemos leais à esperança. O irmão amigo é portador de um coração generoso e belo; no entanto, ainda está no processo da pré-maturidade quanto à vida interior. Estejamos convencidos de que Jesus nos ajudará a vê-lo vitorioso em si mesmo, a caminho das melhores realizações. E a nossa Marta está no acesso à formação de mais amplos valores. Espero que a irmãzinha possa crescer em conhecimento e experiências, enriquecendo-nos a todos de paz e de alegria.

Ao querido amigo Carlos e à querida Cristina, envio o meu abraço de irmão reconhecido, com os meus votos a Deus para que a união e a felicidade os mantenham cada vez mais felizes junto aos queridos sobrinhos Renato e Ricardo, rebentos de nossa fé no grande futuro.

Mãezinha, o vovô Afrânio agradece as vibrações de paz e serenidade que as suas preces em conjunto com a nossa querida vovó Jerônima lhe enviam. Nesse sentido, desejamos, ele e eu, seja dito à vovó Jerônima que o tio Antônio e o Júnior vão melhorando sempre, assimilando os valores da vida nova a que fomos trazidos para continuar aprendendo a trabalhar e a servir, nos padrões de Jesus.

Hoje, agradeço a Deus as provações que nos feriram alma, tempos atrás, quando o acidente me obrigou a receber passaporte compulsório para o Mais Além.

O tempo funciona. As situações externas se modificam e, conforme as observações a que me referi, o coração prossegue sem diferença. Pensando assim, envio muito carinho a todos os familiares queridos, desejando que o nosso prezado Carlos me sinta na afeição e na confiança de todos os dias.

Mãezinha querida, Deus lhe conceda muita felicidade em seu natalício próximo. Seu filho estará ao seu lado, festejando o dia inesquecível.

Com muito carinho ao papai Urbano, aos irmãos e aos sobrinhos, peço ao seu coração materno guardar todos os sonhos e esperanças, agradecimentos e anseios de realização para a Vida Superior de seu filho que lhe pertence pelo coração.

Sempre o seu,

AULUS.

Notas e Identificações

17 - Carta psicografada pelo médium F.C. Xavier, em reunião pública do Grupo Espírita da Prece, em Uberaba, Minas, a 26/4/1980.

18 - *Renato e Ricardo* — Sobrinhos de Aulus, filhos de Cristina e Carlos.

19 - *Tio Antônio* — Antônio Furtado Damasceno, tio avô, desencarnado em 28/10/1938.

20 - *Júnior* — Afrânio de Paula e Silva Júnior, tio materno, desencarnado em 14/4/1979.

QUINTA CARTA

Meu caro Papai Urbano e querida Mãezinha Camélia.

Meu pedido de bênção. Aqui é simplesmente um comunicado rápido. Sei que a noite não comporta longas laudas escritas.

Desejo agradecer as lembranças de aniversário e cumprimentar ao nosso Marcos pela data próxima do natalício. Temos acompanhado, querido irmão, as suas meditações e peço-lhe calma. O homem no mundo encontra por vezes problemas muito difíceis de resolver, mormente quando esses problemas envolvem assuntos do sentimento. Pense devagar e continue esperando mais tempo, a fim de assumir responsabilidades. Sobretudo não se esquente demais na intimidade dos próprios pensamentos e sim, convém voltar ao tempo das preces com Mamãe e com a vovó Jerônima a fim de reaprendermos o "Pai Nosso que estais nos Céus..."

Hoje creio que, em nos sentindo homens feitos na Terra, muita falta nos faz aquela simplicidade da criança que não conseguimos alijar da personalidade, especialmente quando o sofrimento nos inclina à procura de reconforto e proteção. Atendamos ao melhor que possamos realizar em nossas possibilidades e sigamos adiante.

Envio lembranças à Cristina, ao Carlos, à Marta e a todos os corações queridos presentes e ausentes.

O vovô Afrânio prossegue na tarefa de abençoar-nos e proteger-nos nos caminhos do cotidiano e rogo que isso seja comunicado à vovó Jerônima, com a certeza de que a Bisavó Quintiliana, nossa querida benfeitora, não a esquece e nem se esquece de nós em nosso grupo doméstico.

Papai Urbano, diga por mim à Mãezinha Camélia e aos nossos as palavras de encorajamento que não sei articular.

Reúno a todos em meus braços, com a gratidão e o amor que plantaram em meu íntimo.

Aos pais queridos e à nossa família, todo o reconhecimento com o imenso afeto do,

AULUS.

Notas de Identificação

21 - Carta psicografada pelo médium F.C. Xavier, em reunião pública do Grupo Espírita da Prece, em Uberaba, Minas, a 12/8/1980.

22 - *Desejo agradecer as lembranças de aniversário* — Aulus teria feito aniversário no dia 14/7.

23 - *Cumprimentar o nosso Marcos pela data próxima do natalício.* — Seu irmão aniversaria no dia 23/8.

Sexta Carta

Querida Mãezinha Camélia e querido papai Urbano.

Lembro-me da bênção em casa e peço-lhes semelhante auxílio. Benefício que espero da vovó Jerônima igualmente.

É isso. Abeiramo-nos desta mesa de intercâmbio espiritual e, às vezes, insistimos com amigos e parentes, a fim de que mobilizem o lápis. E se esquivam, referem-se à estranheza de que se reconhecem possuídos, diante da expectativa de se manifestarem perante amigos generosos de quem absorveriam o tempo, segundo alegam. Por isso, é preciso que alguém assuma o problema.

Não me sinto capaz de substituir o vovô Afrânio aqui conosco, e muito menos a Vovó Quintiliana, a quem não chamarei de bisa; entretanto, eles mesmos me encarregam de transmitir a notícia de que estão passando regularmente bem, com a saudade de permeio, à feição de uma doença cronificada nestes pagos em que nos vemos hoje.

Estimaria guardar qualidades para falar com segurança aos irmãos quanto ao futuro iluminado de bênçãos que lhes desejamos; no entanto, somos também novatos na Vida Espiritual e, muito embora o esforço que se desenvolve para que a gente se sinta mais leve para diminuir o peso das preocupações que agitam os nossos entes amados no Plano Físico, somos forçados a notar, pelo menos quanto a mim, que tenho ainda muita carga mental para ser deposta no caminho.

Ainda assim é necessário criar coragem e pedir ao nosso Marcos para que confie em Deus para se observar mais seguro em si mesmo. Sei que as surpresas de caráter negativo são numerosas a cercarem o coração dos companheiros mais jovens na arena do mundo, mas se posso, rogo ao irmão refletir sempre, quanto a quaisquer atitudes que pretenda aditar no currículo da vida, a fim de que os acertos nos favoreçam no cotidiano. E que a oração se nos faça escora para que o carro de nossos sonhos e aspirações não sofra acidentes que o desmontem. Muita gente crê que a meditação em prece é tempo perdido, mas chegará o tempo de se reajustarem opiniões para quem assim raciocine. A oração é uma bênção que nos oferece a pausa de revisão de quaisquer planos que estejamos formulando para os minutos em andamento. Mas não preciso alinhavar sermões, porque o mano é inteligente bastante para discernir.

Peço à Mãezinha Camélia dizer por mim à Cristina e à Marta que não as esqueço e que compreendo a importância dos cursos que fazem sob o amparo de Jesus. Cristina, no ministério de esposa e mãe, onde as notas são conhecidas, por enquanto, somente na Espiritualidade, e Marta, nos estudos em que a formação acadêmica lhe proporcionará novas chances de conquistar mais felicidade pelo conhecimento superior que vai entesourando. E eu também de minha parte frequento agora um educandário diferente, aquele em que somos convidados ao exame gradual de nós mesmos, com as possíveis demonstrações de trabalho, visando à promoção a mais serviço, porque nestas bandas, serviço que auxilie a todos os que nos cercam é privilégio que se procura avidamente, a fim de que o nosso progresso não se faça ilusão.

Querida Vó Jerônima, o tio Júnior prossegue muito bem, apesar do antigo tema da carência afetiva que o prende ainda, como é natural, à família querida na retaguarda. E o Vovô Afrânio com a Vó Quintiliana lhe solicitam a continuidade de sua fé em Deus na

Unidos pelas recordações e preces

dedicação habitual a todos os nossos familiares queridos, prometendo-lhe velar pelo tio Durval e pelo tio Anésio.

Prometemos nós também colaborar com os corações inesquecíveis que ficaram, mas penso que posso afirmar que, do "lado de cá", igualmente necessitamos de que todos eles cooperem conosco para que as nossas equações de apoio mútuo funcionem sem erros ou desajustes. Intercâmbio real, em que as mãos doam de si o melhor que possuem e esperam algo receber para que o trabalho do bem não atravesse frustrações. Enfim, vamos indo... graças a Deus estamos seguindo bem porque todos estamos com a possibilidade de fazer alguma coisa pelo bem do próximo e consequentemente para o bem de nós mesmos.

Queridos meus, agora é aquele momento do "até" — do "até" que em si é uma palavra sempre sibilina, porque pertence muito mais aos Desígnios de Deus do que aos nossos próprios desejos.

Agradeço à Mãezinha Camélia e à Vó Jerônima as preces e bênçãos de sempre, e abraço em meu pai a família inteira.

Muito carinho a todos, com os melhores

votos de felicidade a cada um de nossos familiares e a cada um de nossos companheiros aqui presentes, com todo o coração do

AULINHO.

Notas e Identificações

24 - Carta psicografada pelo médium F.C. Xavier, em reunião pública do Grupo Espírita da Prece, em Uberaba, Minas, a 29/3/1981.

25 - *Tio Durval* – Durval de Paula e Silva, tio materno.

26 - *Tio Anésio* – Anésio de Paula e Silva, tio materno.

27 - *Aulinho* – Tratamento carinhoso que lhe davam os familiares, desde que nasceu.

CARTA 9
Desfazendo uma dúvida cruel

No mês seguinte ao recebimento de uma carta do filho desencarnado, o sr. José Lúcio de Oliveira compareceu novamente ao Grupo Espírita da Prece, em Uberaba, para mostrar a Chico Xavier as cópias xerográficas do Processo instaurado em decorrência do fato que motivou a morte do jovem Benedito Souza de Oliveira. Ele irradiava felicidade, pois as declarações do autor do disparo e das testemunhas concordaram plenamente com o que seu filho havia escrito através do lápis mediúnico!

Os familiares de Benedito – residindo em Pontes Gestal, SP, localidade muito distante da capital paulista, onde ocorreu o fato a 24 de julho de 1977 – ignoravam, até então, o que a Justiça havia registrado da triste ocorrência. Aceitaram as interpretações da causa da morte como acidente, embora guardassem no íntimo uma dúvida cruel: acidental, mesmo?

Assim, as informações vindas do Mundo Espiritual proporcionaram, além do esclarecimento, muito consolo e muita paz à família e aos amigos do jovem.

Na reunião pública de 14 de julho de 1978, em que o sr. José Lúcio reencontrou-se com Chico Xavier, também lá estávamos, ocasião em que tivemos o prazer de conhecê-lo e de ler a carta de seu querido filho, impressa pela família e distribuída a todos os presentes. Expondo-lhe nossa intenção de divulgá-la pela imprensa espírita – na esperança de que o conteúdo da mesma venha a beneficiar outros corações sedentos de consolo e de elucidação para situações semelhantes –, colocou-se ao nosso dispor, prazerosamente, permitindo-nos alinhar estes apontamentos e, no final, as Notas e Identificações.

Querido Papai José Lúcio, querida mãezinha, rogo-lhes para que me abençoem.

Em meu abraço reúno ambos, com o nosso Osmar, com o Newton Carlos, com a Eliane e com todos os nossos do coração.

Desfazendo uma dúvida cruel

Tenho dificuldade de exprimir-me com a fidelidade que desejaria manter. Não sei se escrevo ou se choro, se exponho minha alma ou se agradeço a Deus o momento em que nos vemos aqui reunidos, com a possibilidade de entregar-lhes as minhas notícias, como quem se utiliza de uma agência dos correios, para tranquilizar os entes amados que ficaram distantes.

Neste ponto de minhas palavras, ignora-se o afastamento, está do meu lado outra parte da família querida. A desencarnação nos atira num mundo completamente novo. No íntimo estamos conscientizados quanto à volta ao lar verdadeiro, porquanto retornamos à paisagem de que um dia nos retiramos para configurarmos de novo no plano físico, à maneira de quem veste uma roupa pesada de trabalho; no entanto, regressamos para cá demasiadamente condicionados. Sei que todos somos filhos de Deus, mas ainda não consigo renunciar à certeza de que sou filho de meus pais terrestres e irmão dos meus irmãos acima de tudo.

Creio que Deus nos permite essas situações para que o amor prossiga por luz inapagável a clarear-nos o caminho, porque, em verdade, pertencemos a Deus, mas Deus nos aproximou uns dos outros para nos escorarmos mutuamente na caminhada para diante.

Sinto meus irmãos todos aqui: João, Oswaldo, Maurílio, José e Amélia, estão na tela de minhas lembranças com a mesma consistência da imagem do nosso querido Osmar aqui à frente de meus olhos.

Mãezinha querida, meu Pai, estou com o meu avô José Rodrigues de Souza que me auxilia a endereçar-lhes esta carta. Foi ele o benfeitor de sempre, quem me recolheu naquelas horas de julho, há quase um ano...

Certamente não me preparara ante a prova que me exigia compreensão e solidariedade para com o amigo que não teve qualquer culpa no acidente que me provocou a passagem de um estado de vida para outro.

Peço aos pais queridos e a todos os familiares não julguem o nosso caro Roque — o amigo Aladeir — culpado pelo desastre.

É preciso lhes fale assim claramente, porquanto não devo incriminá-lo e nem a pessoa alguma com relação ao acontecido.

Realmente, não era meu jeito experimentar qualquer arma de fogo e muito menos brin-

Desfazendo uma dúvida cruel

car com semelhante perigo. Estava seriamente interessado na realização de meu cursinho e para isso o trabalho no Banco era sagrado.

Entretanto, creio que os amigos são partes de nós mesmos. Nosso companheiro, de longe, apenas demonstrando como manejava uma arma, segundo o que deduzi no impacto da ocorrência, mas asseguro-lhes que o resultado com a operação de limpeza não estava de modo algum nos intuitos dele. Meu avô me fez observar que eu resgatara uma dívida e que fui realmente muito feliz por não empenhar-me a débitos novos.

Caí no solo desamparadamente, quanto a mim mesmo por dentro de mim; no entanto, por mais que levasse as mãos ao peito na tentativa de escapar ao fim do corpo, notei que minhas forças esmoreciam...

Meu Pai, creio que seja necessário que eu diga que o Senhor e minha mãe estavam em meu pensamento... Entendi quanto haveriam de chorar, tanto quanto eu mesmo tombava com lágrimas diante do inevitável... Na cabeça, as ideias conflitavam. Aquele anseio de falar sem poder e aquele desejo de sobreviver, os gritos dos amigos que chegavam e as providências de que me via objeto a fim de que uma hospitalização inútil me devolvesse a vida física.

Nesse emaranhado de pensamentos que se embatiam uns contra os outros, notei que um sono pesado me cerrava as pálpebras ou que alguém me cerrava as cortinas dos olhos para que eu encontrasse o descanso.

Quanto tempo estive assim, no limiar de uma vida diferente da nossa, não sei dizer...

Posso informar, no entanto, que acordei com meu avô José Rodrigues e com uma benfeitora de nome Rosa, que vim a saber posteriormente... Ainda assim, embora soubesse de improviso que estava em companhia do vovô que não mais pertencia à existência física, acreditei-me alucinado pela dor da ferida que ressurgia com o meu despertamento... Julgava-me num Instituto de Tratamento, mas, a breves instantes, meu avô carinhosamente me convidava à aceitação da realidade... Bastou reformar as sensações do corpo denso, que permaneciam comigo, para que ouvisse no recôndito de meu próprio ser as vozes de casa... Eram as lágrimas do Senhor, Papai, e o choro de Mamãe, indagando o porquê do acontecimento... Graças a Deus, em meio do sofrimento nosso, tão profun-

Desfazendo uma dúvida cruel

damente nosso, luzes brilhavam... Eram as orações com que se dirigiam a Deus pedindo por minha paz. Eu sabia... Minha obrigação era igualmente conformar-me, ser digno dos pais, amigos e cristãos aos quais a Bondade Divina me confiara...

Recordei, então, que nada estava em meu coração contra ninguém... Desenhei na mente a figura do amigo Roque, que deveria estar igualmente lutando com a nossa dor e, recebendo as preces de casa, conquanto sofresse ainda a sensação das horas últimas do corpo, roguei também a Deus para que o companheiro estivesse tranquilo e para que ninguém o incomodasse pedindo-lhe contas daquilo que era minha dívida e não dele...

Desde esses momentos em que me renovava, notei que um alívio me alcançava. A ferida me pareceu receber um bálsamo curativo que me chegava de nossa casa... As orações de meus Pais, compreendendo, de longe, o meu anseio de ver o amigo absolutamente tranquilo e essas vibrações de entendimento encharcadas de pranto me sedavam o espírito...

Meu Avô me esclareceu que o esquecimento de quaisquer lembranças amargas, so-

bretudo aquelas que poderiam insuflar em nós o ressentimento sem razão de ser, funcionava por abençoado remédio da alma enferma e abatida.

A compreensão trabalhava minhas energias espirituais à maneira de um milagroso tranquilizante e, desde então, venho buscando meios de encontrar este instante em que lhes venho reafirmar a continuidade da vida.

Osmar, amigo e irmão, você sabe que a minha imaturidade, em relação aos problemas do espírito, ainda era muito grande e por isso agradeço-lhe as preces e vibrações de paz e amor em meu benefício. Você, que possui a felicidade de penetrar no conhecimento das ideias que devo agora adquirir, continue me auxiliando... Papai, o Senhor compreenderá que seu filho, embora iniciante na vida nova, não conseguiu permanecer ao seu lado no mundo físico, de modo a formar-me num curso superior, de maneira a corresponder aos seus ideais de Pai amoroso e imensamente bom, mas eu posso aqui melhorar-me e ser útil. Serei para o Senhor e para Mãezinha Maria Rosa um braço invisível na terra dos homens, entretanto, sempre seguro e firme buscando ajudá-los, de algum modo,

Desfazendo uma dúvida cruel

deste meu novo campo de ação, para o qual as criaturas todas da Terra um dia retornarão...

Não pude formar a família com a qual sonhava para continuar as nossas alegrias domésticas desdobradas, como no caso de nosso Osmar. No entanto, farei bons amigos, trabalhando a fim de ofertar-lhes um círculo de afeições que a todos nos auxiliará, aí e aqui...

Estou feliz apesar das lágrimas que me lavam os pensamentos nestas páginas escritas, mas essas lágrimas são de esperança e fé em Deus. Confiemos em Deus e saibamos aceitar as Leis Divinas que nos regem a todos.

Aqui devo finalizar esta carta, mas prosseguiremos juntos no intercâmbio dos pensamentos. Envio muitas lembranças aos irmãos e a todos aqueles que se encontram em nosso iluminado jardim de carinho e gratidão; espero continuarem me fortalecendo com o apoio das preces.

Toda oração em nosso favor parece uma luz que nos atinge, passando a nutrir-nos de confiança maior na vida.

Querida Mamãe e querido Papai, recebam todo o amor que posso sentir em minha pequenez espiritual, com o coração agradecido por todas as bênçãos de que enriqueceram e enriquecem a vida, um beijo de muita gratidão e de imenso carinho do filho que pede a Deus por nós todos.

Sempre o filho presente no coração, que lhes deve a existência e tudo de bom que a existência nos possa oferecer,

DITO.

Notas e Identificações

1 - *Papai e mãezinha* — José Lúcio de Oliveira e Maria Rosa de Souza Oliveira, seus pais. Em 2/6/1978, quando falaram sobre a perda deste filho querido ao médium Chico Xavier, no início de uma reunião pública do Grupo Espírita da Prece, em Uberaba, foram orientados para colocarem sobre a mesa um papel constando os nomes do filho e dos pais, e a data da desencarnação. Foi o suficiente para receberem, em noite alta, esta carta psicografada.

2 - *Osmar* — Osmar Souza de Oliveira, irmão, presente à reunião.

3 - *Newton Carlos e Eliane* — Sobrinhos.

Desfazendo uma dúvida cruel

4 - *Neste ponto de minhas palavras* — No parágrafo que se inicia com esta frase, Dito faz uma colocação clara e simples do processo reencarnacionista, pelo qual todos nós evoluímos.

5 - *João, Oswaldo, Maurílio, José e Amélia* — Irmãos.

6 - *José Rodrigues de Souza* — Avô materno, desencarnado há 11 anos.

7 - *Naquelas horas de julho, há quase um ano...* — Dito faleceu a 24/7/77.

8 - *O nosso caro Roque, o amigo Aladeir* — Aladeir Roque. Pelos familiares, é chamado de Aladeir, mas Dito o tratava de Roque.

9 - *Rosa* — Benfeitora espiritual, não identificada pela família.

10 - *Osmar, você que possui a felicidade de penetrar no conhecimento das ideias que devo agora adquirir, continue me auxiliando...* — Osmar é espírita militante, estudioso da Doutrina.

11 - *Não pude formar a família com a qual sonhava (...), como no caso de nosso Osmar* — Dito tinha uma namorada em São Paulo, a quem devotava muita estima. Na época da entrevista com o sr. José Lúcio, Osmar estava noivo.

12 - *Dito* — Assim Benedito Souza de Oliveira era tratado pelos seus familiares e amigos. Nasceu em Riolândia, SP, aos 17/6/1956. Em São Paulo, trabalhava na Finasa Mercantil e no Banco Itaú. Frequentava um cursinho com vistas à concretização de seu grande ideal: ser médico.

CARTA 10
Homenageando Cornélio Pires

Um dos filhos mais ilustres de Tietê – cidade paulista localizada às margens do histórico rio que lhe empresta o nome – é, sem dúvida alguma, Cornélio Pires, um eterno namorado de sua terra.

Poeta, contista, jornalista, radialista, conferencista, cinegrafista, humorista, folclorista, considerado "o pai do folclore paulista" – ele foi, acima de tudo, humano e humanitário, vivendo em contato permanente com o povo, sua grande família, que tão bem soube analisar e compreender.

Dotado de um dinamismo invejável, gravou dezenas de discos com temas humorísticos e músicas sertanejas;

realizou dois filmes documentários e escreveu 23 livros, atualmente todos esgotados, com exceção de *Meu Samburá*. Na sua obra literária destacaremos: *Seleta Caipira, Conversas ao Pé do Fogo, Cenas e Paisagens de Minha Terra, Coisas d'Outro Mundo* e *Onde estás, ó Morte?*, sendo estes dois últimos genuinamente espíritas. (*)

Cornélio foi espírita? Sim. Adepto consciente e devotado, muito divulgou o Espiritismo nas regiões por onde viajava. A propósito de sua conversão, escreveu Afonso Schmidt: "Um dia, começou a afastar-se dos grandes centros, a estudar, a riscar novos caminhos. Como Shakespeare, passou a afirmar que, entre o Céu e a Terra, há coisas que ignora a vã filosofia. Mas ei-lo que volta à publicidade. Traz para o público um recado diferente. Diferente de sua obra e da quase totalidade dos livros que por aí se publicam. É espírita. É uma mensagem de esperança a todos os infelizes que, vivendo a existência atribulada de nossos dias, acabaram por perder a fé nos altos destinos do ser humano." (Do artigo: "*Lembranças...* Cornélio Pires", jornal *O Democrata*, Tietê, SP, 18/8/1974.)

Visitando Tietê

A caminho de Tietê, já identificamos o carinho com que Cornélio é lembrado pelo seu povo, observando o

---

(*) Consultamos: *Cornélio Pires: Criação e Riso*, de Macedo Dantas, 1ª ed., 1976, Ed. Livraria Duas Cidades e Secretaria de Cultura, Ciência e Tecnologia, São Paulo/SP.

nome da Rodovia Estadual que liga essa cidade a Piracicaba: é o seu próprio!

Lá chegando, procuramos o historiador Benedicto Pires de Almeida, mais conhecido por Zico Pires, grande conhecedor da vida e da obra corneliana. Colhemos dele informes preciosos e, com a sua orientação, visitamos os seguintes pontos históricos, que recordam a memória de Cornélio, tão afetuosamente cultivada em sua terra natal:

1. Casa onde ele nasceu, há quase um século, a 13 de julho de 1884, no sítio de Nhá Bé, hoje da família Ghizzi. Distante poucos quilômetros da cidade, está localizada no Bairro do Garcia, a duzentos metros do rio Tietê.

2. Casa onde ele residiu durante muitos anos, no antigo Largo da Ponte, hoje Praça Cornélio Pires. O fundo do quintal desta casa fica à margem do rio Tietê.

3. Herma de Cornélio Pires, na Praça Dr. Elias Garcia, a principal da cidade. Numa das faces laterais da coluna de sustentação, há uma placa em bronze com a relação de seus principais livros, incluindo os dois espíritas.

4. Casa dos Meninos de Tietê, ex-Granja de Jesus, que assiste menores necessitados, geralmente órfãos. O sr. Zico Pires contou-nos que "Cornélio, nos últimos anos de sua vida, acalentou a ideia de fundar, em Tietê, uma instituição destinada a abrigar meninos desamparados de sua

cidade. Num bairro da cidade, comprou uma chácara de três alqueires e meio para tal finalidade. Alguns meses antes de falecer, conseguiu o apoio das autoridades da cidade para a fundação da sociedade que idealizara. Com a sua presença, em 14/8/1957, realizou-se uma assembleia no Fórum local, constituindo-se, então, a Granja de Jesus, que teria sua sede na chácara doada pelo folclorista. Seis meses depois, Cornélio falecia, mas a diretoria deu andamento ao projeto, sendo inaugurada alguns anos após, estando em funcionamento até hoje." Atualmente, ocupando uma área de 1000m^2 de construção, abriga 24 órfãos. É mantida pela Prefeitura Municipal.

5. Cornélio faleceu a 17 de fevereiro de 1958, em São Paulo, após prolongada enfermidade. No mesmo dia, seu corpo foi trasladado para Tietê. No seu túmulo, anotamos este interessante epitáfio gravado num livro aberto marmorizado:

"Cornélio Pires veio a este mundo de provações em 13-7-1884 e voltou à Pátria Espiritual em 17-2-1958. Cornélio Pires amou a sua terra e a sua gente. Aqui repousa o seu corpo, mas o seu espírito vive agora a verdadeira vida entre os bons."

Exato. Pela sua produção literária vinda do Além, deduzimos que o poeta tieteense vive, realmente, a *verdadeira vida* com aqueles que trabalham, incansavelmente, com amor e renúncia em benefício da Humanidade.

Se problemas impedem, no momento, a reedição de suas obras, elaboradas quando encarnado, ele continua escrevendo, agora por via mediúnica, dentro de seu estilo inconfundível, páginas e páginas poéticas de grande valor. Até hoje, Cornélio Espírito transmitiu pela psicografia de Chico Xavier (o 1º em parceria com o médium Waldo Vieira) os seguintes livros: *O Espírito de Cornélio Pires* (Ed. FEB); *Retratos da Vida* e *Conversa Firme* (Ed. CEC); *Baú de Casos* (Ed. IDEAL); e *Coisas deste Mundo* (Ed. O CLARIM).

6. No edifício da Câmara Municipal, está bem instalado o Museu Histórico, Pedagógico e Folclórico "Cornélio Pires", preservando a memória do ilustre folclorista e prestando real benefício aos estudiosos.

Cornélio em Itapira

O médium Francisco Cândido Xavier, visitando pela primeira vez a cidade de Itapira, SP, compareceu a uma reunião pública, no Cine-Teatro da Fundação Espírita "Américo Bairral", na noite de 22 de agosto de 1973, quando psicografou o lindo poema *Festa de Itapira*, de autoria do Espírito de Cornélio Pires.

Meses depois, no mesmo local, na noite de 9 de janeiro de 1974, também em reunião pública, o médium Xavier recebeu do poeta tieteense outro poema, intitulado *Encontro de Itapira*.

E, recentemente, atendendo a nosso pedido, o distinto e operoso confrade César Bianchi, residente naquela cidade, fez exaustivo e meticuloso trabalho de identificação dos personagens e demais citações das referidas poesias, do qual registraremos uma síntese. No início deste trabalho ele colocou um oportuno *Esclarecimento,* assim redigido:

"Dos personagens citados pelo Cornélio Pires, Chico Xavier somente conhecia Onofre Batista. Pela primeira vez, o médium esteve em Itapira, de passagem rápida, em 22/8/1973, o mesmo acontecendo quando aqui veio em 9/1/1974, numa visita que fez a um internado. Desconhecia, portanto, por completo, os demais personagens e as citações feitas por Cornélio.

A identificação dos personagens exigiu demorada pesquisa e contamos com a colaboração eficiente do João do Norte (João Torrecillas Filho).

O contato de Cornélio com a população itapirense, a partir de 1916, graças aos seus atraentes espetáculos, à sua expansividade e facilidade de penetração no meio ambiente social, é o que o tornou conhecidíssimo e estimado por todos, mantendo um convívio que lhe permitiu conhecer as pessoas e a história de Itapira. Esses seus amigos, tomando conhecimento de que Cornélio iria estar presente e transmitiria mensagens pelo médium Xavier, não só aproveitaram a oportunidade de cumprimentá-lo, como a de participar da Festa e do Encontro, como das

Homenageando Cornélio Pires

homenagens ao Aniversário de Itapira (*), muitos deles citados nestas mensagens poéticas. De fato, para os espíritos, principalmente os itapirenses, foram três dias de grande festa espiritual.

Cornélio Pires tinha razões para demonstrar afeição a Itapira. No início de suas viagens pelo interior paulista, apresentando famosos espetáculos, nas praças e palcos teatrais, esta cidade o acolhia calorosamente, lotando o Cine Teatro Recreio. O humorista tieteense cultivava sólida amizade com o saudoso empresário Rodolfo Paladini, que vendia Permanentes Mensais, garantindo, assim, boa frequência aos espetáculos. Daí constantes vindas a Itapira. Cornélio sempre trazia novidades artísticas, duplas caipiras, realizando apresentações de agrado geral."

Festa de Itapira

Meus irmãos, nesta cidade,
Onde a bondade se asila,
Peço a Deus conceda a todos
A paz da vida tranquila.

(*) O poema *Aniversário de Itapira*, também de Cornélio, foi recebido pela vidência de Chico Xavier, no final da sessão solene, realizada na Fundação Espírita "Américo Bairral", em 24/10/1974, dentro da programação das comemorações do 154° aniversário da cidade, quando foi outorgado ao médium o título de "Cidadão Itapirense". Esse poema está no livro *Marcas do Caminho*. (Ed. IDEAL, São Paulo, SP.)

Cartas Psicografadas

Vida tranquila, a meu ver,
É aquela paz do trabalho:
Malho amparando a bigorna,
Bigorna amparando o malho.

Aqui estou simplesmente
No afeto que não se atrasa,
Apresentando os amigos
De visita à nossa casa.

Anoto o primeiro deles,
Começando a minha lista.
Entendo. Todos já sabem:
É o nosso Onofre Batista.

Encontramos junto dele
Nosso Américo Bairral,
Que prossegue valoroso
Na vitória sobre o mal.

Duas irmãs me comovem...
Que união ditosa e linda!
Gracinda abraçando Hortênsia,
Hortênsia abraça Gracinda.

Homenageando Cornélio Pires

De amigos inesquecíveis,
Dois deles tenho ao meu lado,
São dois corações em festa:
Carolino e João Machado.

Abraço o Doutor Hortênsio,
Coluna forte do bem,
Sempre o médico seguro
E grande escritor no Além.

Aparecem mais amigos...
Martins, Angelo, Roldão
Continuam sustentando
Nossa bela Fundação.

Muitos músicos vieram...
Quem diz que não tocam mais?
Revejo o Fidelis Trani
E Albertino de Morais...

Um deles deixa o conjunto,
Em saudação vem a mim,
É o nosso amigo Santato,
Armado de bandolim.

Ouvem-se acordes suaves,
Relembrando a Banda Lira,
Outros falam de saudades
Das serestas de Itapira.

Conduzindo ex-internados
— Turma de paz e carinho, —
Alguém nos pede passagem,
É o irmão Olegarinho.

O grande Amorim Correia,
Distinto renovador,
Também veio à nossa festa,
Trazendo bênçãos de amor!...

— "Que noite maravilhosa
Nesta linda quarta-feira!" —
Bentico exclama, falando
Ao nosso Chico Vieira.

Diz Benedito Ferreira,
Zombando, risonho e sério:
— "É isso aí... Ninguém fica
Nas grotas do cemitério."

Homenageando Cornélio Pires

No entanto, devo afastar-me,
De certo, sabem por que...
Devo estar com nossa gente
Nas preces em Tietê.

Assim sendo, meus irmãos,
Deixo agora o nosso lar.
O Cristo nos pede amor,
Procuremos trabalhar.

Cornélio Pires

Notas e Identificações

1 - *Onofre Batista* – Nasceu em Portugal, em 1886, vindo para o Brasil ainda criança. Foi empreiteiro de obras. Em 1907, fixou residência em Itapira, já casado com Gracinda Ferreira. Tornando-se espírita, imprimiu novas diretrizes à sua vida, norteando-a pelas virtudes da humildade e fraternidade. Assim é que, ao construir sua residência na rua da Penha, ergueu nos fundos do quintal sete casinhas para famílias pobres, cedendo umas de graça e outras por aluguel pequeno.

No porão de sua casa, que era habitável, ele e sua abnegada esposa Gracinda davam assistência a enfermos pobres, quase sempre recolhidos das ruas, numa época em que na cidade de Itapira não havia um mínino de assistência social.

Aceitou a tarefa de angariar assinantes para o jornal *O Clarim* e a *Revista Internacional de Espiritismo*, de Matão/SP. Desejava, também, difundir a Doutrina que o tornara um homem feliz. Assim é que, percorrendo cidades de diversos Estados do Brasil, não só angariava assinaturas para esses periódicos, como pregava o Espiritismo e prestava, inclusive, auxílio às Instituições assistenciais por onde passava. Onofre, no retorno de uma das suas longas viagens, trouxe a ideia de edificar um hospital para enfermos mentais. E, em 1936, adquire uma quadra de terra, lança a pedra fundamental e surge a instituição que se tornou, hoje, a Fundação Espírita "Américo Bairral".

Grande golpe o atingiu no meio da caminhada, com a desencarnação de sua esposa, aquela que norteara os seus passos e que contribuíra para as vitórias alcançadas: Gracinda regressou ao Mundo Maior em setembro de 1946. Mas Deus deu-lhe outra companheira, que veio incentivá-lo a prosseguir na árdua jornada escolhida. A 22 de novembro de 1948, casa-se com Hortênsia Lima Batista.

Após 17 anos de feliz companhia, essa também abnegada companheira deixou a vida terrena, desencarnando a 29 de março de 1965. E, três meses depois, a 19 de junho de 1965, Onofre partiu para a espiritualidade. Seu nome está imortalizado numa das ruas da cidade.

2 - *Américo Bairral* – Com um grupo de confrades fundou, a 15 de outubro de 1915, o Centro Espírita "Luiz Gonzaga", que presidiu até a sua desencarnação. Homem organizado e metódico, programou um trabalho intensivo de estudo e difusão espírita, com trabalhos mediúnicos, especialmente de desobsessão, de fluidoterapia, receituário mediúnico e fornecimento de medicamentos homeopáticos. Aos domingos, dava aula de moral cristã às crianças. Deu início à construção de um hospital para doentes mentais, chegando a erguer o primeiro pavilhão do Asilo "Luiz Gonzaga", hoje Casa de Repouso "Allan Kardec".

Desencarnou em 16 de outubro de 1931, com apenas 46 anos. Como preito de gratidão e em homenagem ao seu trabalho em prol dos necessitados e como idealizador de um hospital para enfermos mentais em Itapira, a Instituição fundada pelo casal Onofre e Gracinda Batista foi denominada Fundação Espírita "Américo Bairral".

3 - *Gracinda* – Gracinda Batista, de origem pobre, veio de Portugal ainda criança. Casou-se com Onofre Batista em 1905, constituindo em Itapira um lar de dez filhos.

Em setembro de 1936, com o esposo, fundara o Sanatório Espírita "Amério Bairral" (hoje Fundação). Concluídos os primeiros cômodos, em colaboração com sua filha Dalila, ia recolhendo os enfermos que vinham de toda parte, num crescendo assustador, dando-lhes assistência com os poucos recursos da época. Quando a Terra não tem, o Céu supre, e foi o que aconteceu, através das excelentes mediunidades de mãe e filha, ali trabalhando como instrumentos de Deus, na prática do amor ao próximo. Enquanto isso, o esposo Onofre, percorrendo cidades e Estados, ia angariando donativos para a Instituição. Enferma, D. Gracinda viu-se obrigada a deixar o hospital em 1938, vindo a desencarnar em 28 de setembro de 1946. Seu nome está imortalizado na Creche Lar "Gracinda Batista".

4 - *Hortênsia* – Hortênsia de Lima Batista foi a segunda esposa de Onofre Batista. Mulher virtuosa, muito auxiliou Onofre no prosseguimento de sua espinhosa tarefa. Desencarnou em 29 de março de 1965.

5 - *Carolino* – Carolino Rodrigues de Oliveira, comerciante e administrador de fazendas. Faleceu com 59 anos de idade, em 7 de maio de 1944.

6 - *João Machado* – João Pereira Machado Sobrinho, farmacêutico. Como músico, tocando violino, foi regente da Orquestra e do Coro da Igreja Matriz, no tempo do Padre Bento, cujo paroquiato estendeu-se de 1893 a 1909.

7 - *Doutor Hortênsio* – Dr. Hortênsio Pereira da Silva, nasceu em 21 de junho de 1889 e passou para a vida espiritual em 4 de fevereiro de 1954. Como médico, foi um padrão de nobreza e filantropia. Casou-se com D. Josefina Galdi, que lhe deu 3 filhos. Relevantes trabalhos prestou à população durante os devastadores surtos de varíola, escarlatina e da célebre gripe espanhola. Como político, ocupou com real brilhantismo os cargos de Vereador, Presidente da Câmara Municipal e Prefeito Municipal. Exerceu a direção clínica da Fundação Espírita "Américo Bairral". A Praça com o seu nome e o seu busto na Vila Pereira, são homenagens justas de Itapira ao saudoso Dr. Hortênsio. Do Espaço, ele vem prestando constante assistência espiritual, e é de sua lavra a poesia *Saudando Itapira,* ditada a Chico Xavier, quando da visita do médium ao "Bairral", em 22 de agosto de 1973.

8 - *Martins* — Chefe de numerosa família, foi angariador de donativos na zona rural, para o Sanatório "Bairral", recebendo-os em cereais, aves e ovos. Trabalhou, nesse mister, entre 1937 e 1938.

9 - *Ângelo*— Angariava donativos, da mesma forma, na zona rural, serviço realizado a partir de 1939 e durante poucos anos, em virtude do seu falecimento.

10 - *Roldão* — Foi o primeiro angariador de donativos na zona rural, apenas no ano de 1937, e o fazia a cavalo, época em que a Instituição ainda não possuía carrocinha.

11 - *Fidelis Trani* — Benquisto na cidade, exercia a profissão de funileiro e encanador. Foi músico da Banda Lyra, tocando pratos, e faleceu em 1961, com 64 anos.

12 - *Albertino de Morais* — Foi marceneiro e lustrador, e fazia parte da Banda Lyra, tocando caixa. Faleceu em 1964, com 68 anos.

13 - *Santato* — Armando Santato foi marceneiro. Como espírita militante, colaborou nos trabalhos de desobsessão do Sanatório "Bairral" e fazia parte de um dos conjuntos musicais da Instituição, tocando violão e bandolim. Deixou a vida material com 53 anos, em 1963.

14 - *Banda Lyra* – Fundada em 10 de abril de 1909, por músicos idealistas, essa corporação musical está atuante até hoje. Cornélio não podia se esquecer desta Banda, que no seu tempo abrilhantava os seus espetáculos, reconhecendo entre os personagens presentes ex-músicos da Banda Lyra.

15 - *Olegarinho* – Olegário Alvarenga Ferreira, farmacêutico prático, como ex-internado do "Bairral" deu excelente colaboração à Instituição, especialmente nos seus primeiros tempos de funcionamento. Com Saturnino França, em 1907, fundou a Farmácia da Fé. Deixou a vida material aos 63 anos de idade.

16 - *Amorim Correia* – Cônego Manoel Carlos de Amorim Correia nasceu em Portugal, em 30 de julho de 1873, e veio para o Brasil ainda menino. Após exercer o seu ministério de sacerdote em diversas paróquias, chegou a Itapira em 1909. Em 1912, entrou em atritos com D. Nery, Bispo de Campinas, e, em 1º de janeiro de 1913, cessou sua jurisdição em ltapira, entregando a direção da paróquia a outro sacerdote. Em "Carta Pastoral" enviada aos fiéis da cidade, datada de 31 de janeiro, resolveu fundar a Igreja Católica Apostólica Brasileira, aceitando todos os ensinamentos dos Santos Evangelhos e do Antigo Testamento, negando várias determinações da Igreja

Romana. De saúde constantemente abalada, Amorim Correia faleceu a 30 de agosto de 1913, apenas sete meses após ter fundado a sua nova Igreja.

17 - *Bentico* — Bento Pereira da Silva, negociante, mais conhecido pelo apelido Bentico, nasceu e faleceu em Itapira, respectivamente em 10 de setembro de 1872 e 13 de outubro de 1949.

18 - *Chico Vieira* — Francisco Vieira formou-se farmacêutico em 1903, montando farmácia própria no centro da cidade. Como político militante, exerceu os cargos de Vereador, Prefeito Municipal e Deputado Estadual, conseguindo impor-se à consideração e estima de seus conterrâneos, mercê das mais elevadas provas de amor à sua terra. Faleceu em 3 de maio de 1946, aos 63 anos.

19 - *Benedito Ferreira* — Apelidado de Rolinha, foi ex-internado do "Bairral". Recuperando-se, fez o Curso Preparatório de Enfermagem existente no Hospital e passou a enfermeiro, revelando-se eficiente e bondoso. Faleceu em 14 de junho de 1965.

20 - *Devo estar com nossa gente / Nas preces em Tietê* — Em Tietê, SP, terra natal do Autor, desenvolvia-se a XIV Semana Cornélio Pires, no período de 19 a 25 de agosto de 1973. O poema em estudo foi psicografado no dia 22 daquele mês.

Homenageando Cornélio Pires

Segundo Poema

Encontro de Itapira

Meu irmãos, eis-me de volta...
Minha fala caipira
Muito mais que de outras vezes
É gratidão de Itapira.

Itapira!... O céu azul,
A colina em luz e prece,
Um refúgio de esperança
Que o coração não esquece.

Desejava outros amigos
Expressando em meu lugar,
Neste instante de alegria,
A honra de vos saudar.

Mas muitos deles exclamam,
Retornando de outra vida:
— Cornélio, diga que estamos
Em nossa terra querida.

Transmitir doces recados
Em qualquer parte, é dever,
E quando o credor é amigo
Obediência é prazer.

Saúdo, à frente de todos,
João Cintra, o Comendador,
Que se fez para Itapira
Um gênio de luz e amor.

Cintra abraça um companheiro:
É o nobre Joaquim Firmino
Que exaltou a liberdade
Em luminoso destino.

Junto deles aparece
Por mensageiro de paz
Nosso antigo reverendo
Padre Araújo Ferraz.

Luiz Roque aponta fatos,
Firmino diz que no Além
Somente vale a lembrança
Do que se fez para o bem.

Afonso Celso Vieira,
O grande memorialista
Aperta as mãos generosas
Do nosso Onofre Batista.

Homenageando Cornélio Pires

Fala-se em Chico Vieira
Fala-se em Guerra Leal,
Dos Clubes que mais se lembra
O recorde é do Ideal...

Nosso Cônego Amorim
Pergunta por Ludovino,
Doutor Mário com Bentico
Refere-se ao João Delfino.

Nhô Melo lembra contente
As músicas da Matriz
E João Pereira Machado
Aprova calmo e feliz.

Alguém chega devagar... Conheço...
É o "seu" Alfredinho,
Veio atender aos doentes
Fala em Jesus com carinho.

Sinhô Chagas noutra roda,
Lembra a luta a que se dava,
Queimando miolo e vida
No tempo da imprensa brava...

*Jácomo Stávale, o grande
Professor inesquecível,
Escuta Souza Ferreira
Sobre assuntos de alto nível...*

*Eis que um rapaz se aproxima
Em luz semelhante ao sol...
Percebo agora... Já sei...
É o poeta Ferraiol.*

*Este grupo de Itapira,
Que entre os homens não se vê,
Parece com minha gente
Nas salas de Tietê...*

*Batista Júnior comigo
E tanto amor e vibrar!
Diz ele:"Saudade é dor
Que fere em qualquer lugar!..."*

*Diz ele ainda:"Saudade?!...
Não sei onde é mais sofrida,
Se no mundo ao pé da morte
Se no Além, perante a vida!"*

Homenageando Cornélio Pires

Nosso caro "João Fiaca"
Começa a me enternecer,
A memória já me falha,
Não mais consigo escrever...

"Itapira, Deus te guarde!"
Termino com emoção,
Terra irmã de minha terra,
Terras do meu coração!...

CORNÉLIO PIRES

Notas e Identificações

21 - *João Cintra, o Comendador* – Atibaiano, veio para a, então, Vila Nossa Senhora da Penha em 1840. Possuidor de grande fortuna, construiu com recursos próprios, na principal praça da Vila, um prédio assobradado, utilizado para cadeia, escola e Câmara Municipal. Demoliu a Igrejinha que havia sido construída em 1820 e, em 1842, no mesmo local, ergueu a bela Igreja Matriz, templo que, posteriormente, foi reformado e dotado de uma torre. Ainda em colabo-

ração com a administração municipal e a população local, construiu a Estrada de Ferro de Itapira a Mogi Mirim, encampada, anos depois, pela Companhia Mogiana de Estrada de Ferro. Pelos seus grandes méritos, o seu nome está imortalizado numa rua central da cidade.

22 - *Joaquim Firmino* – Joaquim Firmino de Araújo Cunha, nascido a 29 de agosto de 1855, exercia, em 1888, o cargo de Delegado de Polícia. Ele acompanhava de perto as torturas por que passavam os negros escravos. Dispôs-se a lutar pela sagrada emancipação dos escravos e, destemidamente, passou a proteger os negros fugitivos, recolhendo-os ao porão de sua casa, a princípio, sigilosamente e, a seguir, abertamente, discutindo e incentivando a mais nobre campanha da época. As fugas das fazendas aumentavam dia a dia. Os fazendeiros foram-se irritando com o prejuízo crescente. Por outro lado, as notícias vindas da Corte eram as mais favoráveis à abolição, e com isso Firmino mais se entusiasmava. Os fazendeiros deliberaram uma vingança impressionante aos abolicionistas. Capangas de confiança foram sendo reunidos. Marcaram a madrugada de 11 de fevereiro de 1888 para a tremenda vingança. Um bando de trezentas pessoas armadas se dirigiu à residência do Delegado e o linchou.

Homenageando Cornélio Pires

O nome de Joaquim Firmino deveria figurar nos livros escolares como o Mártir da Abolição, para ser justamente reverenciado, pois foi o único brasileiro que perdeu a vida pela sublime causa, cujo epílogo se deu no glorioso 13 de maio de 1888, três meses, portanto, após sua trágica morte!

23 - *Padre Araújo Ferraz* – O Padre Antônio de Araújo Ferraz foi quem celebrou a primeira missa nesta terra, em março de 1821; daí ser considerado o Evangelizador. Seu nome está imortalizado numa placa de rua da cidade.

24 - *Luiz Roque* – Agente do Correio em 1887.

25 - *Afonso Celso Vieira* – Cronista na imprensa local, seus artigos eram apreciados. Faleceu em 1945.

26 - *Guerra Leal* – Cônego Dr. Artur Augusto Teixeira Barbosa de Guerra Leal. Substituiu o Padre João Calazans em 1915 e ficou até 1923. Reformou a Igreja Matriz. Faleceu em Monte Alto, em 1938. Seu nome está imortalizado numa placa de rua da cidade de Itapira.

27 - *Clube Ideal* – Fundado em 10 de março de 1917, por um grupo de senhoras e senhoritas da sociedade, destinava-se exclusivamente a mulheres. Tornou-se famoso na época.

28 - *Ludovino* – Ludovino Andrade foi figura po-

pular no município. Exerceu o cargo de fiscal da Prefeitura durante muitos anos. Diretor do jornal *Comércio de Itapira,* entre 1912 e 1913, que, a seguir, passou a ser o *Jornal Oficial da Igreja Brasileira,* com essa denominação, ainda sob sua direção. Foi sacristão da Igreja Romana no tempo do Padre Bento; professor primário; membro destacado do movimento renovador de Amorim Correia, na fundação da Igreja Católica Apostólica Brasileira, chegando a ordenar-se bispo dessa nova seita; chefe de numerosa família. Faleceu em 5 de novembro de 1934, com apenas 56 anos de idade.

29 - *Doutor Mário* – Dr. Mário Pereira da Fonseca, nasceu em 1874 e faleceu em 17 de novembro de 1932. Advogado operoso, foi um dos fundadores da Santa Casa, do Asilo "São Vicente" e do Clube XV de Novembro.

30 - *Nhô Melo* – Fiscal da Prefeitura Municipal nas primeiras décadas deste século.

31 - *As músicas da Matriz* – Orquestra sacra criada ao tempo do padre Bento e regida pelo farmacêutico músico João Pereira Machado, violinista. Senhoras e senhoritas da sociedade, exímias cantoras, constituíam o coro da orquestra. Esta era formada por notáveis músicos.

32 – *"Seu" Alfredinho* – Alfredo Bueno nasceu

Homenageando Cornélio Pires

em 9 de dezembro de 1888 e faleceu em 16 de maio de 1949. Boníssimo, tornou-se famoso como farmacêutico, com uma grande clientela, que o procurava como a um médico. Seu nome está imortalizado numa rua da cidade.

33 - *Sinhô Chagas* – Antônio Carlos Gonçalves Chagas foi solicitador e ferrenho político da oposição. Nas colunas do seu jornal *O Grito*, ao lado do poeta e escritor Menotti Del Picchia, de Ludovino Andrade e de outros, era tenaz combatente. Nasceu em Mogi Mirim, SP, a 19 de abril de 1880 e faleceu em Serra Negra, SP, a 6 de agosto de 1927. Seu nome está imortalizado numa das ruas do Bairro do Cubatão.

34 - *Jácomo Stávale* – Educador emérito e grande esportista, foi trazido para Itapira em 1901.

35 - *Souza Ferreira* – Cel. José de Souza Ferreira nasceu a 17 de janeiro de 1867. Fazendeiro e banqueiro. Como chefe político, impunha respeito pela sua conduta retilínea. Desencarnou em 14 de julho de 1929.

36 - *Poeta Ferraiol* – Francisco de Paula Ferraiol faleceu com apenas 24 anos de idade, em São Paulo. Sua poesia *Hora Extrema*, psicografada por Chico Xavier, em 9 de janeiro de 1974, mostra a sua sensibilidade poética.

37 - *Batista Júnior* — Itapirense, apelidado de João Fiaca, foi um artista nato. Ator e cantor, partiu para a glória quando se firmou na ventriloquia. Ele não podia faltar a esse encontro, provocado pelo seu grande amigo Cornélio Pires.

ÁLBUM
DE RECORDAÇÕES

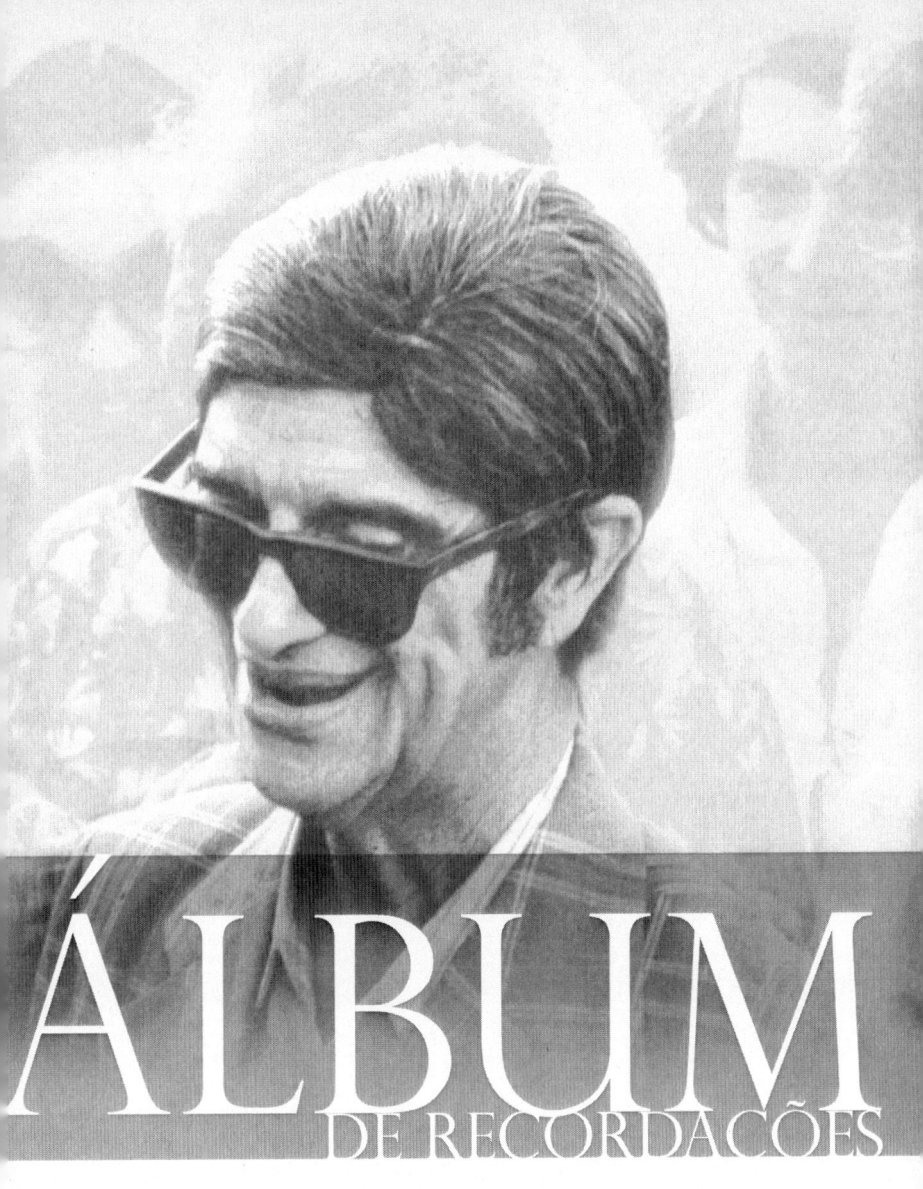

"REENCONTROS"

*conhecimento
libertador
é uma benção*

Cartas Psicografadas

Carta 1

Violência e resignação

Francisco Quintanilha

Carta 2

Novos caminhos

Lúcio Germano Dallago

Carta 3

Meritória e abençoada premonição

Ítalo Scanavini

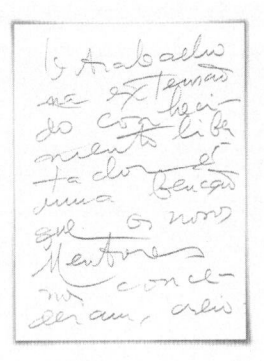

Álbum de recordações

Carta 3

Meritória e abençoada premonição

Página da carta mediúnica de Ítalo Scanavini.

Carta 4

Em socorro à família

André Luiz Souza da Silva

Carta 5

Aviso surpreendente

Chico Xavier e Augusto Bertolini, na Capital mineira.

Cartas Psicografadas

Carta 5
Aviso surpreendente

Antônio Luiz Sayão, desenho de Joel Linck, ofertado ao Sanatório "Antônio L. Sayão".

Carta 6
Regresso inesperado

Antônio Carlos M. Coutinho

Carta 7
D. Amália, a secretária de Eurípedes

Amália Ferreira de Mello

Álbum de recordações

Carta 7

D. Amália, a secretária
de Eurípedes

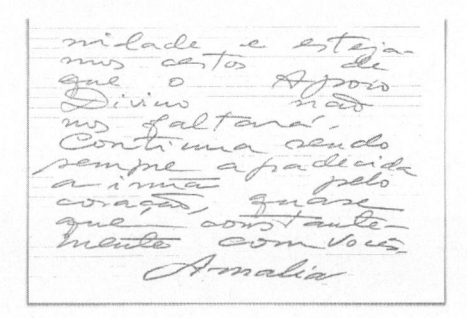

*Final da mensagem do Espírito de Amália Ferreira
de Mello, psicografada pelo médium Chico Xavier.*

Carta 8

Unidos pelas
recordações e preces

*Aulus de Paula e Silva
Barros*

Cartas Psicografadas

Carta 9

Desfazendo uma
dúvida cruel

Benedito Souza de Oliveira

Carta 10

Homenageando
Cornélio Pires

Cornélio Pires
(foto original, gentileza
do Sr. Zico Pires.)

Carta 10

Homenageando
Cornélio Pires

Nesta casa nasceu
Cornélio Pires,
em 14 de julho
de 1884.

Reencontros

Álbum de recordações

Carta 10

Homenageando
Cornélio Pires

Herma de Cornélio, em bronze, erguida na principal praça de Tietê.

Carta 10

Homenageando
Cornélio Pires

Casa dos Meninos de Tietê

Carta 10

Homenageando
Cornélio Pires

Itapira

Reencontros

Algumas publicações

Mensagens e meditações de

EMMANUEL

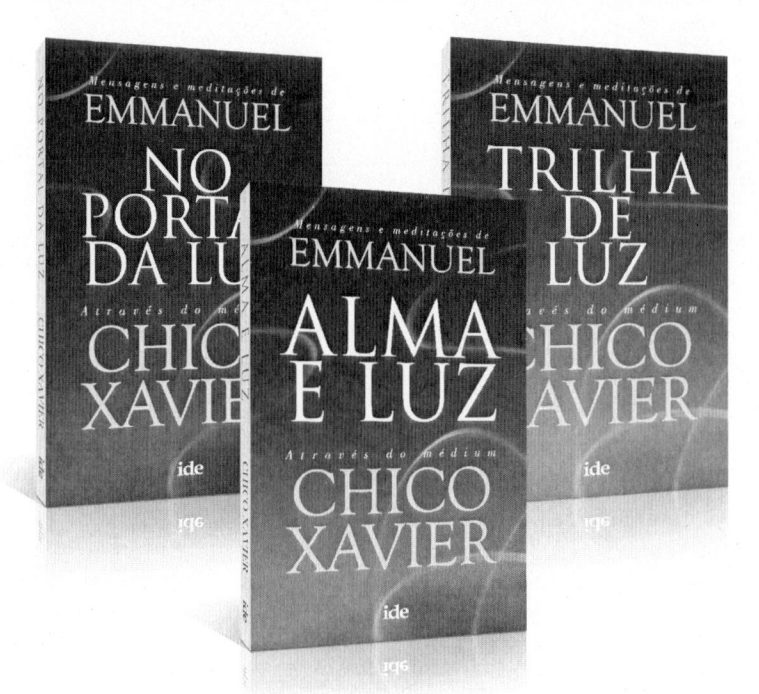

Através do médium

CHICO XAVIER

CHICO XAVIER - EMMANUEL

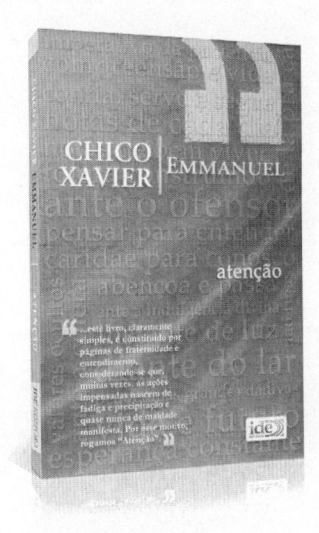

ATENÇÃO
CHICO XAVIER - EMMANUEL

...este livro, claramente simples, é constituído por páginas de fraternidade e entendimento, considerando-se que, muitas vezes, as ações impensadas nascem de fadiga e precipitação e quase nunca de maldade manifesta. Por esse motivo, rogamos "Atenção".

DINHEIRO
CHICO XAVIER - EMMANUEL

Para quantos procurem compreender o assunto em foco, trocando a moeda pelo pão destinado a socorrer as vítimas da penúria ou permutando-a pelo frasco de remédio para aliviar o enfermo estirado nos catres de ninguém, reconhecerão todos eles que o dinheiro também é de Deus.

ISBN: 978-85-7341-486-8 | Mensagens
Páginas: 128 | Formato: 14 x 21 cm

ISBN: 978-85-7341-447-6 | Mensagens
Páginas: 96 | Formato: 14 x 21 cm

CHICO XAVIER - EMMANUEL

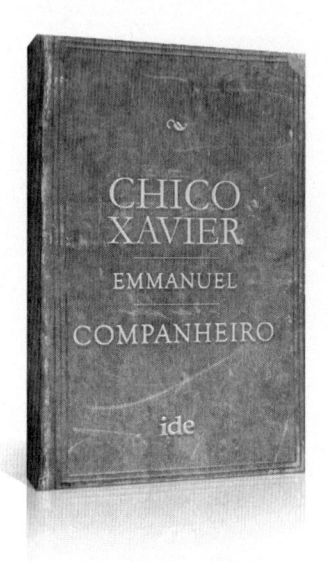

COMPANHEIRO
CHICO XAVIER - EMMANUEL

"Em quaisquer circunstâncias, nas quais te vejas de coração sozinho ou empobrecido de forças, contempla a imensidade dos céus, ergue a fronte, enxuga o pranto e caminha para diante, conservando o bom ânimo e a esperança..."

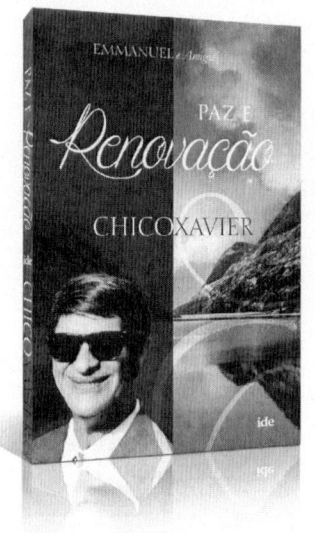

ISBN: 978-85-7341-585-8 | Mensagens
Páginas: 160 | Formato: 14 x 21 cm

PAZ E RENOVAÇÃO
CHICO XAVIER - EMMANUEL

"A renovação íntima é o fator básico de todo reequilíbrio.

Daí procede, leitor amigo, a organização deste volume despretensioso, englobando avisos, apelos, comentários e lembretes de irmãos para irmãos, no propósito de estudarmos juntos as nossas próprias necessidades.

É um convite a que nos desagarremos das sombras do desânimo ou da inércia, para nos colocarmos todos no encalço das realidades do Espírito."

Emmanuel

ISBN: 978-85-7341-688-6 | Mensagens
Páginas: 224 | Formato: 14 x 21 cm

Conheça também as obras de **André Luiz** psicogradas por **Antônio Baduy Filho**

Vivendo a
Doutrina
Espírita
volume quatro

Vivendo a
Doutrina
Espírita
volume três

Vivendo a
Doutrina
Espírita
volume dois

Vivendo a
Doutrina
Espírita
volume um

ide

Meditações Diárias
Chico Xavier | André Luiz

Desde a publicação do livro Nosso Lar, em 1943, recebido pelo médium Chico Xavier, o seu autor espiritual, André Luiz, ficou muito conhecido, pois foi o primeiro de uma série de treze livros que, num estilo inconfundível, veio desvendar a vida no Plano Espiritual.

Mas além dessas obras, o Espírito André Luiz também enriqueceu a literatura espírita com suas mensagens esclarecedoras, de abordagem direta, nos chamando para a responsabilidade de nossos atos no dia-a-dia de nossa vida.

E este livro encerra uma coletânea de suas melhores mensagens, sempre em parceria com o grande médium Chico Xavier, proporcionando, ao prezado leitor, momentos de reflexão para uma vida mais feliz dentro dos preceitos do Cristianismo Redivivo.

ISBN: 978-85-7341-440-0 | *Mensagens*
Páginas: 160 | **Formato:** 14 x 21 cm

Meditações Diárias
Chico Xavier | Emmanuel

Emmanuel foi o dedicado Guia Espiritual de Chico Xavier e Supervisor de sua obra mediúnica, que deu origem a mais de 400 livros, desdobrando a Codificação realizada por Allan Kardec.

Do seu passado espiritual, sabemos que nos últimos vinte séculos, ele reencarnou várias vezes. Assim, o conhecido romance "Há 2.000 anos..." apresenta-nos a sua existência na figura do senador Públio Lentulus, autor da célebre carta endereçada ao Imperador romano, onde fez o retrato físico e moral de Jesus.

E este livro encerra uma coletânea de suas melhores mensagens, sempre em parceria com o grande médium Chico Xavier, proporcionando, ao prezado leitor, momentos de reflexão para uma vida mais feliz dentro dos preceitos do Cristianismo Redivivo.

ISBN: 978-85-7341-449-3 | *Mensagens*
Páginas: 160 | **Formato:** 14 x 21 cm

CHICO XAVIER

APOSTILAS DA VIDA
Chico Xavier
Espíritos André Luiz

CIDADE NO ALÉM
Chico Xavier • Heigorina Cunha
Espíritos André Luiz e Lucius

ide

IDE | Conhecimento e educação espírita

No ano de 1963, Francisco Cândido Xavier ofereceu a um grupo de voluntários o entusiasmo e a tarefa de fundarem um periódico para divulgação do Espiritismo. Nascia, então, o Instituto de Difusão Espírita - IDE, cujos nome e sigla foram também sugeridos por ele.

Assim, com a ajuda de muitas pessoas e da espiritualidade, o Instituto de Difusão Espírita se tornou uma entidade de utilidade pública, assistencial e sem fins lucrativos, fiel à sua finalidade de divulgar a Doutrina Espírita, por meio de livros, estudos e auxílio (material e espiritual).

Tendo como foco principal as obras básicas de Allan Kardec, a preços populares, a IDE Editora possui cerca de 300 títulos, muitos psicografados por Chico Xavier, divulgando-os em todo o Brasil e em várias partes do mundo.

Além da editora, o Instituto de Difusão Espírita também se desenvolveu em outras frentes de trabalho, tanto voltadas à assistência e promoção social, como o acolhimento de pessoas em situação de rua (albergue), alimentação às famílias em momento de vulnerabilidade social, quanto aos trabalhos de evangelização infantil, mocidade espírita, artes, cursos doutrinários e assistência espiritual.

Ao adquirir um livro da IDE Editora, além de conhecer a Doutrina Espírita e aplicá-la em seu desenvolvimento espiritual, o leitor também estará colaborando com a divulgação do Evangelho do Cristo e com os trabalhos assistenciais do Instituto de Difusão Espírita.

www.idelivraria.com.br

Fundamentos do Espiritismo

1º Crê na existência de um único Deus, força criadora de todo o Universo, perfeita, justa, bondosa e misericordiosa, que deseja a felicidade a todas as Suas criaturas.

2º Crê na imortalidade do Espírito.

3º Crê na reencarnação como forma de o Espírito se aperfeiçoar, numa demonstração da justiça e da misericórdia de Deus, sempre oferecendo novas chances de Seus filhos evoluírem.

4º Crê que cada um de nós possui o livre-arbítrio de seus atos, sujeitando-se às leis de causa e efeito.

5º Crê que cada criatura possui o seu grau de evolução de acordo com o seu aprendizado moral diante das diversas oportunidades. E que ninguém deixará de evoluir em direção à felicidade, num tempo proporcional ao seu esforço e à sua vontade.

6º Crê na existência de infinitos mundos habitados, cada um em sintonia com os diversos graus de progresso moral do Espírito, condição essencial para que neles vivam, sempre em constante evolução.

7º Crê que a vida espiritual é a vida plena do Espírito: ela é eterna, sendo a vida corpórea transitória e passageira, para nosso aperfeiçoamento e aprendizagem. Acredita no relacionamento destes dois planos, material e espiritual, e, dessa forma, aprofunda-se na comunicação entre eles, através da mediunidade.

8º Crê na caridade como única forma de evoluir e de ser feliz, de acordo com um dos mais profundos ensinamentos de Jesus: "Amar o próximo como a si mesmo".

9º Crê que o espírita tenha de ser, acima de tudo, Cristão, divulgando o Evangelho de Jesus por meio do silencioso exemplo pessoal.

10º O Espiritismo é uma Ciência, posto que a utiliza para comprovar o que ensina; é uma Filosofia porque nada impõe, permitindo que os homens analisem e raciocinem, e, principalmente, é uma Religião porque crê em Deus, e em Jesus como caminho seguro para a evolução e transformação moral.

Para conhecer mais sobre a Doutrina Espírita, leia as Obras Básicas, de Allan Kardec.

www.idelivraria.com.br

leia estude pratique

Conheça mais sobre
a Doutrina Espírita
por meio das obras de
Allan Kardec

ide ideeditora.com.br

idelivraria.com.br

Pratique o "Evangelho no Lar"

Aponte a câmera do celular e faça download do roteiro do **Evangelho no lar**

Ide editora é nome fantasia do Instituto de Difusão Espírita, entidade sem fins lucrativos.

📷 ideeditora   f ide.editora   🐦 ideeditora

◀◀ DISTRIBUIÇÃO EXCLUSIVA ▶▶

boa nova editora

Av. Porto Ferreira, 1031 | Parque Iracema
CEP 15809-020 | Catanduva-SP
📞 17 3531.4444   💬 17 99257.5523

📷 boanovaed
▶ boanovaeditora
f boanovaed
🌐 www.boanova.net
✉ boanova@boanova.net

Fale pelo whatsapp

Acesse nossa loja